星雲大師 口述

百年佛缘

道場篇 一

中華書局

目録

目錄

我建佛光山的因緣

檢查我的一生，我並沒有很大的志願，說要復興佛教、福利天下，我不敢承擔這許多慈心悲願。但是，自我出家以後，念念於心的，確實就是「爲了佛教」。

爲了佛教，我應該本分地做好一個出家人；爲了佛教，弘法上的辛苦，不覺得有什麼了不起；爲了佛教，我要注意己身的威儀，行立坐臥要莊嚴；爲了佛教，我要自我充實，不可以讓人輕視出家人；爲了佛教，我講話要誠懇，不能任意亂說；爲了佛教，有人批評佛教，我要寫文章護法；爲了佛教，即使佛教裏有一些不當的事情，我也要仗義直言；爲了佛教，我要辦教育、辦文化、辦慈善事業等等。

其實，這一點小小的事業，也談不上自己對佛教有多大的貢獻。不過總想，我在基層爲大衆服務，就要盡我的本分。雖然這一生，我沒有多大的本領條件，也沒有發大心、立大願，但是在心靈深處，念茲在茲的一個根本念頭就是：「爲了佛教」。

經常有人問我：「爲什麼要創建佛光山？」這當然是各種因緣的撮合；也經常有人問：「爲什麼佛光山後來展開了世界性的傳播？」這也是因緣的推動。若要歸納來說，一切都是「爲了佛教」。

雖然我知道「爲了佛教」，教育最爲重要。但是，從小我就沒有受過正規的社會教育，我生於抗戰年間，跑空襲、躲兵災，每天過著兵荒馬亂的日子；加上家庭貧窮，父母哪有能力供我上學？就是到了十二歲出家，在叢林寺院裏生活，每天也都是出坡作務、挑柴擔水，少有老師上課。偶爾，聽到上課的鐘聲響了，還會覺得很奇怪：「爲什麼今天要打鐘？」在這樣的環境裏成長，當然也就沒能打好佛學的基礎教育。

到了二十多歲，我隨著「僧侶救護隊」到了臺灣，在動蕩的日子裏，也談不上什麼雄心萬丈，或有什麼前途未來。即使後來「僧侶救護隊」解散了，也沒有想過我能做什麼，尤其我的五音不全，音感不好，在佛門裏生存，若要靠念經、梵唄弘法來過生活，幾乎是不可能。很自然地，從心中生起一個念頭：教書。我想，我可以做一名佛教的教師。

雖然我的佛學不是很好，不過喜愛讀書，尤其讀了很多文學類的書籍，從古代小說讀到現代小說，從中國小說讀到外國小說，不但閱讀能力因此而加强，對於梁啓超、胡適之等學者的文學、哲學作品，也多少有了些概念。爲了訓練自己，我經常以一對一的方式，把閱讀到的好文章講給道友聽。時間久了，感到自己也有所進步而能講一些課。

因此，二十五歲那一年，在新竹青草湖「臺灣佛教講習會」缺少師資的時候，我勇敢地接下教務主任一職。當然，這與我二十一歲時，在宜興祖庭大覺寺附近擔任一間小學的校長多少也有關係。我沒有進過正式的學校，哪裏能做校長呢？但是機緣來了，我直下承擔，從「做中學」累積經驗，不也一樣做得有聲有色？就這樣，我在「臺灣佛教講習會」做了一年半的教務主任。

後來，到了宜蘭弘法，信徒中有更多的青年，甚至更多的老師、中學教員等，我自忖要能講經論道，要能和他們有所應對，自覺應該要走上佛教教育的舞臺，因此，心裏也準備好隨時可以披掛上陣。但是機緣不好，原本屏東東山佛學院邀請我前去上課，也談妥了日期，卻在中途被炒了魷魚。儘管如此，我並不氣餒，下定決心自己辦佛學院。

購地建寺

不過，凡事都要因緣具足，如同佛陀講經要「六成就」，而我的因緣、我的六成就在哪裏呢？在諸多條件

不具備的時候，我的心願並沒有減半，先是在高雄壽山公園裏建了一間壽山寺，雖然只有五層樓高，一百一十餘坪大小，我還是這麼辦起壽山佛學院來了。

一九六四年開學，學生聞風而至；隔年第二期招生，人數更是超出名額；到了第三期，實在沒有容納師生的地方了，功德堂、納骨堂也都用來做爲教室。但是壽山寺畢竟不是維摩丈室，沒有容天容地的能量，想到還要辦第四期、第五期……如果把空間全都讓給了學生使用，那麼當初信徒護持建寺，用以拜佛修行的希望不就落空了？何況當初要辦理佛學院時，信徒們就已不太贊成，在他們的理想，只是想有個修持禮拜的地方而已，這麼一做，不就更讓他們難以接受了？

於是我商之於心平、慈莊、慈惠、慈容等青年，他們四人基於辦文化的地方容易找，而辦教育必須要有大片土地，就將一間價值不小，輾轉從臺北三重埔移到位於高雄市中山一路三十四號的「佛教文化服務處」房屋給賣了，以便將所得費用再買一塊大一點的土地辦教育。

我花了半年的時間，想找一塊合適的地方，從左營的軍區到達澄清湖的湖邊，從圓山飯店到現在長庚醫院的所在，高雄的土地就因爲我這樣每天找，市價上升，有人還因此告訴我不要幫忙擡高地價。後來想，決定就以圓山飯店這一塊地做爲佛教學院的院址。但是地主來壽山寺簽約的時候，一位學生從樓上走下來，在樓梯口就告訴別人，我們的院長今天要買澄清湖的土地，以後蔣中正先生到澄清湖來，必然也會到我們的學院來參觀了。

我一聽，心想：難道佛學院一定要沾澄清湖的光纔能發展嗎？心念一轉，我立刻改變主意，決定要由自己創造因緣條件，讓有緣的人自然來到這個地方。臨時，簽約的事情突然宣告停止。接著，我繼續找地，看著看著，就找到佛光山現址來了。

當時，有一對越南華僑褚柏思夫婦，先生是佛學論著的作者，時常在雜誌上發表文章，太太則是一位精明能幹的女士，夫妻倆從現在萬壽園到男衆部、朝山會館到大悲殿的地方，總共買下了十一公頃土地，原本想要辦一所海事專科學校，然而因爲財務周轉不靈，付不出工錢，不得不將目前萬壽園所在地的工程停工。後來夫妻倆人因爲被債務所逼，走投無路，而打算自殺。基於生命無價、救人要緊的理由，我想這麼一個佛教居士，落難至此，便把辦佛學院的錢先給了他們，他們也就把地當作是賣給我了。其實，當初地是什麼樣子我全然不清楚，我的用意只不過是爲了幫助他們不要走上絕路。

因緣到此，我們便買下褚居士夫婦的這塊土地，總價是五十五萬元，不算貴；我們在新興區大圓環的房子值一百五十萬，只要以三分之一的錢就能買下這十一公頃的土地，還可以用剩餘的錢，再買其他土地蓋房子。因爲這個地方位在大樹鄉統嶺坑，「坑」字不是那麼好聽，於是我就向學生們宣佈：「我們要到『統領十方』的『統領』去辦佛學院了！」年輕的學生們聽到我這麼一說，大家都很高興。

那時，我也滿懷歡喜地跟信徒說：「我們在大樹鄉麻竹園買了一塊地！」之後還領著他們前來參觀。不過，當時車子只能停在山門口彌勒佛的那個位置，就沒有辦法再上山；因爲這裏是一片荒地，即使是山下的路，也只不過是一條泥路，要一直行駛到磚子窑纔有公路。

車子停下來以後，我跟信徒說：「我們可以走草叢，一起上去看看啊！」雖然我有這個熱心，但一開始，信徒們可是沒有這個信心的。他們看看四周之後，接著有人就說了：「這個地方連鬼都不會來，買來做什麼？」我聽了以後，並沒有和他們辯論，只是說：「各位不去看不要緊，我下去看一下。」就逕自下車去了。

我一路從現在的放生池走到女衆學部，再走到大悲殿後面，印象中那裏有一棵樹、一塊石頭，於是我就在那裏坐了一下，覺得通身涼快。不過，想到衆人還在車上等我，應該趕快下山，也沒有多做停留。下山的途

中，我心裏想：「你們說這地方連鬼都不來，鬼不來有什麼關係，佛來就好了！將來我一定把佛請來這裏！」

此後，每天下午，我們都從壽山寺坐車到佛光山，慈莊法師能講閩南語，就站在現在放生池的路邊，詢問從山下路過的老百姓：「有人要賣土地嗎？我們要買土地……」其實，這許多土地並不是鄉民私有的，而是當局放領之地。不過沒有關係，他們可以把土地放領權讓給我們。這裏的老百姓也都很講信用，把土地放領權讓給我們以後，再也不計較，沒有爭執，後來我們越買越多地，就開始建起房子來了。

找到佛學院建地

每一天，我都在萬壽園那塊地坐上好幾個鐘頭，對著已開發的一點土地，想像著應該如何興建佛學院，想著要如何建一座殿堂、一間教室，而又該從哪裏開始建起？最後我打算從萬壽園這塊地開始啓建。

最初我想，一個寺院的中心是佛殿，那就先建大雄寶殿好了。可是在季節轉換之後，有一天，天氣相當炎熱，纔坐下來就滿身大汗，我就想：這個地方簡直是個火爐，哪一個人會願意待在這麼熱的地方？最後就放棄了在萬壽園這個地方建大雄寶殿的念頭。

那麼，究竟大雄寶殿要建在哪裏好呢？我們轉而開發男衆學部這塊地；當時這裏還是一座小尖山，因此我就找來推土機推土，沒想到，東山地勢太狹長，還是建不了佛殿。於是我就再往另一邊開發，開到不二門前面，有兩座小山、三條水溝，我就把兩座小山的土給推到三條水溝裏去，成爲現在不二門前面的平地。

但是看著這塊平地，我又想，要把大雄寶殿建在這裏嗎？似乎是太低了，不好看。不過，開發工程還是持續進行。一直開到沒有路、沒有地爲止，實在沒有辦法了，只好改變主意，從女衆佛學院這個地方開始興建起。

就在那時，看到香光亭往學院的方向，有一條小路。因爲缺乏經驗，當時覺得這條路應該沒有什麼用。但是後來推土的人看到這條路，就說：「我從這裏推一條路上去，看看行不行？」於是他把路推到果樂齋、推到西來泉，而成就了現今的一條汽車路。

往後面繼續再推土，柳暗花明，竟然看到大悲殿這一塊平地，心想：真是太好了！「東方佛教學院」就建在這裏吧！

開始興建東方佛教學院之初，我們也準備興建「西方安養院」。爲什麼要建西方安養院？因爲很多信徒希望我們建的寺院與他們的生活各個階段能有關聯，將來可以有理由多來往。只是西方安養院要建在哪裏？原想建在男衆部這個地方，有人就說：「不行，你把『東方』建到西方去，把『西方』建到東方來了。」我只好說：「是的，不過以後再說吧，先把這裏定下來，不管東方也好，西方也好，總之現在都是我們佛光山！」

興建東方佛教學院

一九六七年，我們開始興建東方佛教學院。記得那時第一屆學生已經畢業，第二屆學生每天都上山來出坡搬石頭。心定和尚當時在高雄當兵，是「海軍陸戰隊」隊員，接受艱苦的軍事、體能訓練，也上山來做義工。許多人都不認識他，爲何來幫忙也沒什麼人知道，只是常看到這個阿兵哥，不用人家招呼，看到有什麼工作就會主動參與。他主要是來幫忙大家搬水泥，雖然個子不高，但一包水泥幾十公斤，扛起來就走，絲毫不見難色，至今我都還記得他挑石子時滿身大汗、步履堅定的樣子。心定和尚從軍中退伍後不久，也進入東方佛教學院就讀，他是第三屆的畢業生。

佛學院裏的懷恩堂，可以說是佛光山的第一座建築；有了懷恩堂，就可以吃飯、辦公，可以遮風、避雨，

之後纔又建設其他校舍。

由於沒有錢，最初要建的懷恩堂，只想有個一層樓，地面五十坪，樓高九尺就好。但建到一半時，感謝一些信徒以及《覺世》旬刊的讀者，他們知道我在大樹開山、興學，小額捐款不斷蜂擁而來。尤其是嘉義的吳大海居士，他個人捐助我十萬元，給了我很大的信心。我立刻要求把建築中九尺高的懷恩堂，再向上提升五尺，工人說：「窗子已經都做好了，怎麼建呢？」我說：「那就在上面再加一層窗子吧！」所以，現在大家看到的懷恩堂有著二層的窗户，也就構成一棟奇特的歷史建築了。

佛光山開山時，我和心平和尚每晚都住山上，白天就跟著推土機跑，那時臺灣還沒有多少部推土機，每一部租一小時大概要幾百元，索費非常昂貴，所以推土的時候，我們都要跟在旁邊指揮：「把這個推到這裏、把那個推到那裏，這個角度如何如何……」如此纔不會浪費時間、金錢，又能加快進度。

不二門

在建設女眾學部教室的時候，我想到，寺院應該要有一個山門，好讓來山的人遠遠就可以看到。但是要建在哪裏呢？看來看去，就把它建在現在不二門的位置了。

但是就在興建時，高雄的信徒卻來向我抗議：「你已經沒有錢了，還建這個山門有什麼用？把錢拿來多建幾間宿舍，信徒來這裏就可以住宿，對你也有幫助。」

那個時候信徒到寺廟來，都只想到住宿問題，不會想到寺院的建築格局應該要莊嚴、攝眾。我想，一座寺院的山門還是很重要，也就堅持自己的想法，而沒有接受他們的建議了。

另外也有一幫人抗議說：「你把學部的教室走廊建得那麼寬大，太浪費錢財了。把它隔成房間，也可以睡很多人啊！」

我雖然不懂建築，但是想到一個公共場所，不能沒有廊道，不能沒有大眾活動空間，也就顧不得別人的意見，依舊擇善固執地按照原本的計畫進行了。

在開山過程中，一方面要增加土地，一方面要建築房屋，同時又要辦學，舉辦種種活動，開支實在浩巨，經常籌不出經費來。但是，心裏總覺得，爲了佛教，我要有使命感，我一定要去完成。

「大海之水」水塔

現在看來很簡單的事情，事實上在開山初期是面臨諸多困難的。當年，我們和學生一起上課，也一起出坡作務，尤其在如同一片荒漠的山丘上，幾乎連遮蔭的樹都沒有，大家就這麼頂著大太陽，在日正當中墾土掘地。甚至於爲了沒有錢買石頭建坡崁，做水土保持，只有在推土機推土的時候，大家跟在後頭挑撿石頭，把大塊的石頭收集下來堆砌坡崁。

早期，這個山區是沒有水源的。沒有水，樹木花草不能存活，人又怎麼能生存呢？好在當時位在佛光山西山的深溝裏，有一道泉水，從石頭縫裏不斷地流出，我們住在山上的茅草屋裏，要用一點水，就走到山下，把水一桶一桶地接上來，如此上上下下，當然沒有多久就精疲力盡了。後來有人建議從山外打深井，再用機械把水打到山上，這麼一來就有水可用了。不過，打深井要有設備，要有水管，要建設水塔，這需要花很多的費用，在當時，我連住的地方都沒有，哪裏還有力量打這一口深井呢？

不可思議的是，正當山上一磚一瓦都沒有的時候，有一位在嘉義開晉安藥廠的吳大海居士，忽然開車上山來探訪。我和他談到要開山，這麼大的一片土地要有水，但水從哪裏來？他聽了之後，就自告奮勇地說：「讓

我捐獻做這個工程！」由於吳大海居士的因緣，佛光山於一九六八年十二月，在東山的大覺寺與男衆學部之間建造了第一座水塔，我將它命名爲「大海之水」。除了紀念吳大海居士的發心捐贈，也希望佛光山未來的弘法，能像「大海之水」一樣留芳百世。

有了這座「大海之水」，我就可以辦第一屆大專佛學夏令營了。記得一九六九年，幾十位大專青年來山報到，深水馬達忽然在這時候故障，沒有水了。我心想，幾百個人住在山上沒有水，不能盥洗，一天、兩天還能忍耐，但是沒有水喝、沒有水燒飯煮菜，該怎麼辦呢？於是我就找鳳山水電行的工人來修理。從下午修到深夜淩晨三點多鐘，水電工也疲倦了，他說要回去鳳山拿零件，我想，他大概是想回去休息，不做了，於是我就說：「我跟你一起回去！」他一聽到我要跟他回去，等於我在看守他，面有難色，知道躲避不過我，只好再繼續修理。大約做到四點多鐘，馬達終於修理好了。不久，佛學院傳來打板聲，學員們四點半起牀做早課，有水可以供應大家洗臉了，我纔終於放下心中的一塊大石頭。

現在說來似乎很容易，但是回想起來，當時過了午夜十一點，馬達一直修理不好，我是這麼發願的：「就讓我的血液化爲水，供應給大家用吧！」終於皇天不負苦心人，諸佛菩薩被我們的願力所感動了。

就這樣，「大海之水」爲佛光山供應水源三十年，一直到最近十多年來，我們纔有自來水可以用。

說到水，佛光山的附近是高屏溪，溪水從佛光山旁一直向東流去，因此過去有人就說：「佛光山不講風水，那個水是財富，都流出去了，好可惜啊！」可是我卻不這麼認爲，我說：「真好，水是財富，水也是佛法，能夠把我們的佛法流傳出去，這真是求之不得的好事啊！」

佛光山多少年來，雖然經常有大雨來襲，但沒有水患，只有水幫助我們發展。我們也願意自己做大地，供人踐踏；做流水，犧牲貢獻自己，讓大家成長！

頭山門

第一屆大專佛學夏令營結束之後，有六個學生主動留下來畫極樂世界圖，記得其中一位叫屠國威，另外一個學生叫作朱朝基，他說：「我要做一尊彌勒佛給佛光山，作爲回報。」他們都是臺灣藝術大學的學生。

六個學生進行了幾個月之後，我問：「你們畫的圖呢？」於是他們就交給了我兩三張油印紙，只見紙上畫了六個人，都是用鉛筆繪成的草圖，一個頭、一個身體、兩隻腳、兩隻手，顯然看不出是什麼極樂世界示意圖。

不過，朱朝基很了不起，他一個人每天在現在覺華園的位置工作，不久就把彌勒佛塑造出來了；雖然還是學生，但所塑的彌勒佛相貌很莊嚴。後來覺華園這個地方不能安奉彌勒佛，要改放到頭山門，我們向港務局借來了一部二十噸的吊車，沒想到卻吊斷了；再找來四十噸的吊車，也吊斷了，這纔曉得原來彌勒佛是這麼地重。沒有了四十噸的吊車，怎麼辦呢？四處訪查之下，聽說兵工廠有八十噸的吊車，我們纔把彌勒佛請到現在山門口的位置安座，直到現在都不曾再移動。

「回頭是岸」山門

當初爲何要命本山名爲「佛光山」呢？那時，我來臺灣已經十多年，一直受到政治的迫害、社會的排擠。尤其因爲蔣夫人宋美齡歧視佛教，大家都不敢講「佛」，哪一個人要是說他信佛，當局就不錄用他，當然也不能升官，更不能出臺灣。所以，當信徒問我這裏要取什麼名字的時候，我心裏想的是要向蔣夫人挑戰，於是就慷慨激昂地回答：「我這裏叫『佛光山』！」爲什麼？名正言順，我就是要佛光普照，何必躲躲藏藏？我一個出家人不把佛擺在前面，要擺什麼人在前面呢？世間上沒有比佛光更可愛，沒有比佛光照耀更美好的了。

當時，我一心一意就是要打起「佛光」的旗幟，跟基督教對抗，當然我們佛教不是對手，不過沒有關係，

反正我的山就是取名「佛光」，這裏叫「佛光山」！其實這個名字很好，後來也有很多寺院以佛爲名，可以說「佛光山」是開風氣之先。

從佛光山頭山門往上走去會看到一座巨大的門樓，上面寫著斗大的「佛光山」三個字，門樓背後寫的是「回頭是岸」四個字，那是本山的第二道山門。我在這座門樓的左右寫了一副對聯：「問一聲汝今哪裏去，望三思何日君再來」，意思是人要離開山門了，問一聲你現在要往哪裏去？想一想你什麼時候再回來？這兩句話，對每一個人來說都具有啓迪省思的作用。

我最近常寫四個字「有您真好」；是的，有佛菩薩真好！所以說，名爲「佛光山」，注定我們是可以依靠佛了。山不在高，有佛就好，有佛光真好！

寶橋

佛光山的地形，就如同蘭花瓣，又如張開的五根手指，以「五指山」作爲別號，真是不爲過了。這五座山丘，靠近東山接引大佛一帶的，是佛光山男衆修道區；中間朝山會館一帶是信徒的活動區域；走過寶橋，則屬女衆修道區域；再往西邊走去，便是養老院、育幼院等社會福祉區域；最西邊，也就是可以遠眺大武山的普賢殿和普賢農場了。

從佛光山的地形就可以看出一些端倪，當初朝山會館前方一帶是一處深溝，至少填了幾千輛卡車的泥土、沙石纔成爲平地。但是即使填了土，從對面的山要到這邊來，還是很不方便，就如同太平洋兩岸彼此相隔遙遠。甚至要從前面的觀音放生池到朝山會館，也必須繞一大圈纔能到達，於是我們就建造了一座橋貫通兩邊，讓大家在行走上更爲便利。

佛光山共有三座橋，把五座山頭連接起來。一座就是上述，面對朝山會館的橋，但是現在它已經不是橋，而是路了。不過，路的下面還有涵洞、有流水。

面對朝山會館的左邊，因爲水溝太深，填土不易，所以就造了一座長約五十公尺的橋，橫跨在兩山之間，翠谷之上，連接朝山會館和大悲殿，取名爲「寶橋」。爲什麼叫作「寶橋」呢？

過去，釋迦牟尼佛經常在印度恒河一帶說法傳教。有一次，外道把橋樑破壞了，目犍連尊者看到佛陀無法通過，就顯現神通，把自己的腰帶解開，化作一座橋樑，讓佛陀可以從這一條腰帶化成的橋上慢慢走過去，這就是「寶橋渡佛」的典故。

來到佛光山的信徒、遊客，大多會經過這座寶橋，前往大悲殿禮拜觀世音菩薩。這座橋雖然不寬、不大，但是從過去到現在，經由寶橋到大悲殿禮拜觀世音菩薩的人，就不知道有多少萬人。我們讓大家從「寶橋」走過去，等於是把大家當作佛祖，因爲這是佛祖走過的橋；也在勉勵大家，只要在佛道上精進不懈，讓自己的心靈美化、升華，何處不是淨土呢？

菩提路

在佛光山，許多道路、房屋、樹木、花草，都是以佛法義理來命名的。像從頭山門進入佛光山之後，往上走，會經過的菩提一路、菩提二路、菩提三路，乃至光明一路、光明二路、光明三路等等。爲什麼將道路命名爲「菩提路」？還有一個原因，因爲這一條道路上，種植了很多的菩提樹。

佛光山開山之初，大量種植樹木。記得蔣經國先生四度到佛光山，每一次來，都告訴我們要「種樹、種樹」。其實，建房子很容易，只要一年、兩年就完成了，但是種植樹木，一年、兩年也不一定看得出成果。不

過，自開山以來，經過了四十多年，這許多樹木倒是都已經長得高大粗壯。

菩提路上的樹木有一個特色，它是仿造《阿彌陀經》的「七重行樹」種植的，一路排列到東山的最上方；那裏有一個籃球場，面對著高屏溪，風光明媚。

阿彌陀佛建設的極樂世界，是由七重行樹、八功德水、金銀琉璃莊嚴起來的，雖然現在我們的力量有限，還無法達到這個境界，不過我用樹木花草來設計規劃佛光山，也就是爲了表現極樂净土的殊勝莊嚴。

佛光山的菩提路，是一九七一年開始整地鋪路的。如果説，偶爾在這些道路上走一走，自心感受到這裏如同極樂净土，那麼佛國净土就已經在當下顯現了。

大悲殿

自從大專佛學夏令營活動一開辦，消息傳播出去，不斷地就有遊客上山來。但是，我們只有一所學院，並没有正式的佛殿，有的只是一間設在懷恩堂裏的臨時佛堂，不得辦法讓信徒拜佛。因此我又再想，還是要有佛殿纔好，於是就選擇現址建了萬佛大悲殿。不過在當時實在没有多餘的經費，佛殿建築可是要花費巨資的，錢從哪裏來呢？我也不曉得從哪裏得來的靈感，就在《覺世》旬刊上刊登啓事：歡迎大家捐獻一尊觀音，每尊五百元。

我想，名曰「萬佛大悲殿」，要是有萬人來發心護持，我就有五百萬元，那麼，建設上的支出就没困難了。想不到，萬佛殿的號召力非常大，連臺北的計程車司機聞訊後，都寄錢來捐獻，等到建成之後，蔣中正先生就派人通知我説，擇日他要上山禮拜；但不多時，他爲了與日本的關係心情大受影響，兼程趕回臺北處理政務。後來在上陽明山的路上發生車禍，終其一生，也就没有上佛光山了。而他的公子蔣經國先生，在任内四度來訪佛光山，大概也是因爲大悲殿觀音、大雄寶殿佛祖的關係吧！

龍亭

過去有人説，佛光山這座山的右面是「白虎」，左面是「青龍」，在這條長長的山上建一尊大佛，即所謂「龍擡頭」。我個人並不講究地理風水，不過既然有此一説，我們在龍頭上也要有所建設，於是就在大佛的旁邊立了一座亭子，取名爲「龍亭」。

過去「龍亭」在這座山上一枝獨秀，因爲什麼建設都没有的時候，就有了它。其實佛教講「日日是好時，處處是好地」，哪裏有什麼地理風水呢？我們只是依著山勢建設而已。

近年來龍亭又重新整修，算來也有四十年的歷史了。回想最初建造龍亭時，我們從西山普門中學舊址的「西來泉」那裏，用人力將水一桶一桶地運上來，作爲攪拌水泥之用。

這座龍亭的屋頂斜度很大，用水泥澆灌上去，常常會再塌坍下來，但是水泥灌漿工作如果不連接著做完，恐怕以後會出現縫隙而有漏水之虞，因此工程必須一次完成，不能只做一半。

由於工程有相當的難度，加上到了天黑，下班時間，没有工人肯繼續做下去，我們師生只好接手去做，用手將水泥推平；慢慢地，等到它乾了，再倒上一層水泥。很多人不懂水泥對皮膚具有侵蝕性，不知不覺做到最後，手掌都出血了。

爲了不讓澆灌的工作停頓，我們披星戴月趕工，因爲没有燈火，就找來幾部摩托車輪流發電照明，有了燈光，纔順利地把龍亭屋頂的水泥澆灌工程完成。

過去，我們没有建築的經驗，也不知道亭子的基礎打得穩不穩？屋頂能撐持得住嗎？不過，後來我們又再做了柱子的補强工程，到目前爲止，龍亭的建築可以説是更爲穩固、安全了。

説到龍亭，在它的旁邊，有一棵緑意盎然的菩提樹，那是幾十年前我救活的。那一年，颱風吹倒了好多棵

菩提樹。其中有一棵小菩提樹，它的樹幹就如我手裏的拐棍一樣瘦小，纔種下去不久就被吹倒折斷。徒衆說它肯定不能活了，我心生憐惜，又把它種回到泥土裏。知道它稚嫩脆弱、根枝細小，還找來一堆稻草覆蓋保護。之後我經常爲它澆水，讓濕潤的稻草可以涵養小樹，大概一兩個月後，它開始冒芽，終於又活了過來。經過了三十多年，這一棵菩提樹到現在都還枝繁葉茂。

我建造這一座龍亭，表面看來雖然不是很寶貴，也沒有富麗堂皇的外表，不過在我們的心中，龍亭是用衆人的血汗，一滴一滴完成的；那是在山上什麽都沒有的情況下，從很遠的山下，一桶接一桶，把水提到山上建成的。就如無根的菩提樹，在愛心的澆灌下生長起來，對於世間的一切人、事、物，我們又怎麽能不珍惜因緣呢？

觀音放生池

龍亭之外，同期興建的工程還有觀音放生池。觀音放生池我開闢了約千餘坪的建地，每當黃昏時刻，夕陽餘輝映照著觀音大士聖像時，宛如大慈大悲救苦救難廣大靈感的觀世音菩薩駕臨，救拔無量無邊的衆生。在享受這樣優美的景致下，豈知當年鑿池的艱辛？

觀音放生池興建之時，正值炎夏，工程屢遭豪雨洪水沖毀，但我與弟子們「濡血護池」，拿棉被牀單等覆土，並多次與本山護法陳罔市、潘孝銳、董榮芳等居士和洪水不屈不撓地奮戰，纔終於讓水土保持工程如願完工。

池中有一座小島，取名「和愛島」，是紀念一位人稱「愛姑」，後來剃度出家，法名「微和」的比丘尼，因爲她的慈悲，熱心贊助放生池工程，並於臨命終時囑咐將全部遺產捐獻放生池工程，纔順利建成。

朝山會館

說到本山幾個重要的建築，其中，「朝山會館」這棟建築物，已經將近四十年歷史了。它是佛光山早期最現代化的一棟建築，大家來到佛光山，可以在這裏吃飯、住宿。

當初要建設朝山會館時，臺灣的五星級飯店還不是很流行，我想讓佛教趕上時代潮流，就特別做了一些設計規劃；這裏雖然不能和五星級飯店相比，但是在那個年代，並沒有被淘汰，朝山會館的設施還是很現代化的。

過去的寺院，信徒要來掛單，大多是讓他們住在比較陰暗、簡陋的地方，我認爲不應該如此，寺院應該要像西方極樂世界，七重行樹、七寶樓閣、黃金鋪地、八功德水，有微風吹動，處處都是空氣清新，冷暖合宜，因此要有空調設備。所以在我的規劃裏，是希望把朝山會館的環境，建設成像極樂淨土一樣的方便，一樣的莊嚴堂皇。

早期朝山會館是佛光山對外的客堂，專供信徒來這裏朝山吃住之用。信徒組織朝山團上山，經常一次就是數百人、數千人，從不二門前開始三步一拜，慢慢拜到大悲殿或是大雄寶殿。一直到現在，還是經常有很多朝山團，數百人、數千人地到佛光山來朝山。不但人來朝山，有時連神明也來朝山；當中有的神明甚至還要看時辰朝山，所以半夜兩三點來的也有。不管怎麽樣，我們都是熱情接待。

總之，由於朝山會館的國際化、現代化，也就促成世界各地的信徒和本山結下了緣分。

佛光山所有的建設，都是以提供大家最好的服務爲考量，尤其這許多十方賓客、善男信女，往往在我們熱忱的食宿服務、說法開示後，心中懷有謝意，之後便不斷地給我們許多幫助。也由於這樣的因緣，佛光山開始有了一棟一棟的房子，一間一間的別分院，一處一處的建設，甚至還辦了幼稚園、中小學、大學等各級學校。所以，朝山會館對於佛光山的發展，貢獻是很大的。

大雄寶殿

佛光山開山初期，爲了買地，往來不下幾十户人家，幾經溝通，有的地主答應讓售土地，但也不乏有人至今仍未給予承諾。

買下大雄寶殿的地以後，就要開始興建了。爲了讓大雄寶殿的屋簷伸展出來，我就用一根柱子頂著，再澆灌水泥。但是當時附近土地都還不屬於我們的，地主看了不高興，就把柱子給推倒。他說：「你的柱子怎麼撐在我的土地上？」我想，連暫借幾個支點來撐一下都不可以嗎？但他就是不肯，讓你無計可施。

甚至原本大雄寶殿的建設是可以再往後拓寬一點的，也由於地主不肯出讓現在如來殿的這塊土地，最後只有就著現有土地興建殿堂。當然，最初也想等到買下後方土地以後再行建設，但是想到一個寺廟沒有大雄寶殿做中心，信徒不會熱心參與共修活動，所以還是決定先建了。

另外就是藍毘尼園這一塊四分地，按照當時一分地一萬元的價格，四分地四萬元纔合理，但地主卻要價十二萬。我心想：太貴了，不要買。過了一個禮拜，又深深以爲不可，藍毘尼園這塊地的確有其必要，想想算了，十二萬就十二萬，買下吧！這時他卻不賣了，爲什麼？他要價二十四萬纔肯賣。我說：「怎麼纔過幾天，地價就漲這麼多？」他竟然回說：「二十四萬！你不買就算了。」

過了一兩個禮拜，心想這塊地還是非買不可，好吧！二十四萬就二十四萬！結果他又不賣了，而且這次開價四十八萬。我就對地主說：「這樣子漲價，分明是故意刁難啊！你叫『助成』，應該要幫助我成功啊！你在這裏工作，我不也給你很多幫助嗎？」他卻回答我：「我在這裏做工拿錢，沒什麼感情好談的！」我說：「你叫『助成』，其實是不助成。」不過這時候我已經懂得他的招數，即刻就把四十八萬元現款交給了他。他無話可說，也就把地賣給我了。

這位「助成」，其實是我請他來總本山做工的。有一次我托他替我到臺中買荔枝（玉荷包）樹苗，他買回來以後卻逕自種在他的土地上。甚至那時候山上備水很不容易，從山下拎一桶水上來，是何等費力的事情，但是自從佛光山有了水以後，他就把水管接到他的土地上。當我要向他買地的時候，他說：「我這塊地是黃金地，不但種有果樹，水也能通到這裏，澆水很方便。」確實，他是得到了方便，但是這個方便是佛光山給的，「黃金」也是佛光山的。不過，我並沒有跟他辯論這個道理，日後他替山上做工，我還是一樣地供應他吃住。

類似這樣的事情不勝枚舉，不過憑著恒常心，在長久的等待中，我們還是逐一地把地一塊一塊買下來了。

覺華園、香光亭

當初我規劃建設佛光山，並不是先從大雄寶殿建起，而是先建設「東方佛教學院」。因爲我知道，未來的佛教要靠青年、靠知識分子來傳揚。自從開辦佛教學院以後，感謝全世界的護法善信，大家有錢出錢、有力出力，讓我們在這四十多年來得以培育許多的佛教人才，如今他們都在世界各地服務奉獻，也開展了「佛光普照三千界，法水長流五大洲」的成果。

對於這許多護法信徒，我知道他們最需要的是佛陀的加持、佛陀的慈悲，因此，在佛光山建設期中，所有的設施都是以廣大在家信衆作爲考量而設立的。

就如覺華園，是佛光山的信徒服務中心。大家從頭山門進來之後，可以先到覺華園休息、喝茶，或者看簡報、聆聽佛法，甚至裏面有多位知客師，關於參觀、用餐、掛單等問題，都可以得到他們最直接的服務。

覺華園不遠處，有一間「香光亭」，是佛光山開山後的第三年，我們舉辦第一屆大專佛學夏令營的學員捐工建成，位於不二門廣場南面。這座香光亭看似簡單，也有它啓建的因緣。當初開山時，我們一無所有，便想

到要建一個亭子在路口，讓人走累了可以稍作休息。

「香」，代表心香一瓣，供養十方，與大家結緣；「光」，表示佛光普照，給人溫暖、給人光明。所以建造這座亭子的用意，是希望每個人來到這裏，都能感受到佛光人帶給人的心香一瓣和溫暖光明。

香光亭旁的右側有一座「滴水坊」，當你走累了、口渴了，就可以到那裏喝杯茶、喝杯咖啡，餓了還可以吃碗飯、吃碗麵。

我倡導的「人間佛教」，以人的需求爲重，因此，從佛學院、覺華園信徒服務中心，到香光亭、果樂齋、滴水坊等設施，都是我開山建設的優先考量。

沿著香光亭旁的道路向前走去，過了一條小橋，是普門中學舊校地，現今已變更爲「福慧家園」，作爲信衆修持、活動的場所。再往上走，有大慈育幼院、佛光精舍（養老院），這是佛光山辦理社會福利及社會教育事業的區域。雖然這許多單位的建地都不大，不過十方大衆也都樂於共同成就我們對慈善福利與社會教化的理念。

麻竹園

佛光山開山十年後，信徒迅速增加，於是我就開始設法找一個可以讓他們培訓講習、接受佛法教育的地方；這個地方不僅要有上課、會議的場地，還要兼具住宿、吃飯的設備。於是繼朝山會館之後，我在麻竹園設立了「佛光山信徒講習會」。

其實早在佛光山還沒開山的時候，整座山頭都叫作「麻竹園」。不過，建了佛光山之後，我們對外都使用「佛光山」這個名稱，地方人士也就認爲我們是捨棄「麻竹園」這個名稱不用。爲了尊重他們的想法，以民意爲依歸，我們就將「佛光山信徒講習會」這棟大樓改稱作「麻竹園」，這樣的做法，也讓山下的民衆心生歡喜。

現在我們看到「麻竹園」這棟大樓，絕對無法想像四十多年前的情況。因爲這裏原本是一條深邃的大水溝，是我們從高屏溪運送了五千輛卡車的沙土回來，纔將水溝填滿，之後再建設樓房。

麻竹園集吃飯、住宿、開會、活動的功能於一處，目前所有從海內外回山的信徒，若不是住宿在麻竹園，也一定會經過麻竹園；因爲無論是到大雄寶殿拜佛、到如來殿參觀，或者是到雲居樓齋堂、傳燈樓客堂、美術館，都會經過此處。

從麻竹園面向著山門口望去，左前方有男衆學部，右邊一段距離有女衆學部，大雄寶殿則在它後方不遠，可見得這裏是佛光山重要建設的滙集中心。

開山初期，我經常都在這裏會客、辦事，那時候人潮進進出出，真可謂是「車水馬龍」，盛極一時，就是到了今天，麻竹園依然是令很多人懷念的一個地方。

檀信樓

面向朝山會館左邊的建築物，名爲「信徒服務中心」，早年是爲了避免信徒來到山上，分不清東南西北方向，能有個詢問的地方而設立的，這裏也備有簡單的茶水服務。

後來到佛光山的人越來越多，我認爲有必要爲信徒建造一個更大的房子，以便提供更多的服務，可是當初佛光山已經沒有多餘的土地可供建築，因爲西山有一條水溝，於是我就在水溝上填土建了一棟房子，如同寶橋橫跨兩座山丘，這棟房子也是跨越了此岸和彼岸。建好之後，我就將這棟房子命名爲「檀信樓」。

「檀」，就是信徒，過去佛教稱信徒爲「檀家」、「施主」、「檀那」。佛光山的「檀信樓」，顧名思義，就是一座專門提供信徒使用的大樓，裏面有千人的集會堂、可容納五百人的齋堂，地下室有十幾間教室，可作爲小

型座談、會議、談法論道、禪坐之用，舉凡信徒來到山上，都可以使用這些設施。

檀信樓發揮了很大的度衆功能。尤其佛光山開山之後，海內外信徒經常都是集體上山參加活動，我們在戶外沒有太多的座位可以讓他們休憩，再加上天氣有時陰晴不定，有了這麼一個地方之後，也就有一個室內集衆的地方了。

說到信徒聚會，早期，因爲年輕、體力好，只要有團體願意聽聞佛法，我都會滿足大家的需要，幾乎是來者不拒。對方是工程師，我就和他講建設；是文學家，我就和他講中國文學；是音樂家，我就和他講佛教的梵唄音樂；是雕塑家，我就和他講佛像的雕塑。不管是什麼樣的人來，我都願意爲他們介紹佛經裏有關士農工商的道理，大部分的人聽了，也都是歡喜而歸。

當然，爲了常常要給人歡喜，我就必須想出很多的方法，把佛法推展出去。所以，我很感謝信徒們，他們都是我的老師，是他們助長了我的進步，增加了我的人緣。我生長在貧窮的家庭裏，沒有讀過書，但是仰仗佛陀的光明，也能有因緣和這些優秀的人在一起談論佛法；因此，我的願望就是讓佛法普及於世界各個角落，讓大家都能打開心門，增加信心，豐富人生。

現在檀信樓除了接待信徒以外，機關團體來山，也可以借用場地播放影片、表演、舉行遊藝聚會等等。我覺得，佛光山雖不是極樂世界，但是大家確實都很努力地做到給人信心、給人歡喜、給人希望、給人方便。

如來殿

大雄寶殿的後方就是如來殿。如來殿四樓大會堂外的牆上貼滿了陶磚，每一塊陶磚上都刻有名字，這是美濃窑朱邦雄先生的作品。當初如來殿這棟大樓，是由好幾萬名信徒發心創建，爲了感謝每一位樂捐者的發心助成，而將他們的名字都一一刻在陶壁上。

常有人問：「佛光山有沒有賬簿？」我想，大會堂的這一片陶壁，就是我們的賬簿；也可以說，佛光山的賬簿就掛在如來殿大會堂的牆壁上。

如來殿大會堂是一個講經傳教的地方，尤其燈光、桌椅、空調設備完善，相信所有來山信衆在這麼美妙的環境中聽聞佛法，必然可以得到心靈的充實。

佛光山開山紀念碑

佛光山開山三十年的時候，我想，應該對協助建設佛光山的功德主有所回報，並留下一些紀念，所以除了先前在接引大佛前樹立的開山紀念碑外，我們在如來殿廣場前又建了一座「佛光山開山紀念碑」。凡是對佛光山的建設有貢獻的功德主，我們都將他們的名字刻在紀念碑上，讓他們與佛光山永遠長存。

開山紀念碑上，除了列出功德主的名字外，我們也把佛光山開山三十年的大事記、重要行事，例如大雄寶殿開光落成、編印《佛光大藏經》、接引大佛塑像完成、蔣經國先生到這裏一遊、成立佛光會、成立電視臺、辦大學、創辦《人間福報》等各種建設的時間，都一一記載下來。

在大陸，要建設一所寺廟，都得花費數十年，甚至上百年的時間纔能完成。過去有很多的叢林寺院，本身沒有力量可以建設，都是由帝王、太后、太子下旨勅建完成的。那麼在臺灣，有沒有當局指定建設的寺院呢？有的。五十年前，蔣中正先生爲了報答母親的恩德，就在臺灣日月潭慈恩塔下，建了一座「慈恩寺」。但佛光山開山並不是當局勅建的，全是由海內外的信徒、老百姓協助建設完成；爲了把這一段歷史留在人間，所以就建立了這一座「佛光山開山紀念碑」。

當然，佛光山的發展不只有這三十年，往後還會有好幾個三十年。希望後代的子孫，要記住開山創業的艱難、開山的歷史、宗風及集體創作的精神。

雲居樓

進入佛光山山門，從菩提路一直走到「選佛場」，右邊的大樓就是佛光山最高的建築物，這裏經常有空中的白雲飄進來，或者貴賓、客人從各方雲集而來，所以我就將這棟大樓命名爲「雲居樓」。

最初這棟大樓的所在地雜草叢生，是山坡的邊緣，後來慢慢開發成一片平地，纔得以興建雲居樓。

雲居樓共有八層，建築的時候，我特別注意到一般的樓房都是在室內設立電梯、樓梯，會把大樓的完整性給破壞了，因此，我就把電梯、樓梯建在食宿空間之外，讓所有在這裏吃住、活動的人，不會受到進出的干擾。

此外，有鑒於過去建築物裏的柱子會擋住彼此的視綫，我特別請工程力學專家設計，讓一、二樓整個樓層，成爲沒有柱子的寬敞空間，以便讓它的使用功能更加靈活多樣。

雲居樓建成後，目前已成爲佛光山人衆集散的中心，尤其成爲佛光山的景點之一，世界各國有很多的工程師、建築師都帶著好奇心前來參觀。

雲居樓一樓是「五觀堂」，也就是吃飯的地方，又稱作「齋堂」，面積有一萬坪，可以同時容納三四千人過堂吃飯。過去佛教的建築黯淡、老舊，但是雲居樓的設備很具現代化，三樓以上還可以容納約兩三千人住宿。另外，地下有二層樓可以作爲停車場之用。

總説雲居樓的興建，希望信徒大衆都能在佛法的洗禮之下，如雲一般地瀟灑、自在，擁有一個泰然的人生。

佛法僧建佛光山

如果有人問起：佛光山這塊土地是誰買的？我會告訴他：是玉琳國師。一定有人會懷疑，玉琳國師是三百多年前清朝開國君主順治皇帝的老師，他怎麼會買下佛光山這塊地呢？

五十多年前，我寫了一本佛教的小説，名爲《玉琳國師》。這本書出版後，由於反應熱烈，之後又再版印刷好幾十次，甚至還拍成電視劇、電影，也曾在電視、廣播電臺播出。後來我就用《玉琳國師》的稿酬買了佛光山這塊土地，所以説，佛光山的土地是玉琳國師買的。

佛光山的大悲殿，則是觀世音菩薩建的。觀世音菩薩怎麼會去建大悲殿呢？這也是五十多年前，我正在學日文，看到一位日本學者森下大圓先生所寫的一本《觀世音菩薩普門品》，感到作者闡述的佛法内容非常生活化，便將這本書翻譯出版，書名爲《觀世音菩薩普門品講話》。雖不敢説「洛陽紙貴」，但也是轟動一時。有了這筆稿費收入，我就建了大悲殿。

另外，佛光山大雄寶殿可以説是釋迦牟尼佛自己建的。爲什麼呢？因爲我在一九五五年寫了一本《釋迦牟尼佛傳》，後來這本書再版不下五十次以上，發行量偏及海内外，那麼我就將這些版税作爲建築的費用。

所以，佛光山可以説是佛法僧三寶所成，我只是其中一粒小沙石的因緣而已。

功德主的成就

有人問：「佛光山究竟是怎麼建成的？」真正講起來，是佛光山海内外幾百萬的信徒們，大家點滴匯聚而成的。而這許多護法信徒，平時對佛教服務奉獻、出錢出力，所以我們都稱呼他們爲「功德主」。

佛光山有上百萬個功德主，有的人貢獻智慧，有的人貢獻樹木花草，有的人貢獻寺院生活所需，有的人集

資捐獻建設等等，總之，短短數十年來，因爲這些護法功德主們的支持，讓佛光山的發展到了「佛光普照三千界，法水長流五大洲」的局面。

爲了感謝功德主的發心護持，佛光山定期召開功德主會，邀請他們回來看一看寺院的成長。每當功德主們回山時，我經常都用閩南語對大家說：「各位『頭家』（即各位老闆、各位董事），歡迎你們回來！」總覺得應該將成就歸於大衆。

其實，功德主不一定都是大施主。在佛光山的功德主當中，有的人做資源回收，將可用的資源作分類，並以變賣所得的款項，捐助佛光山各項弘法事業；也有的人平日省吃儉用，一塊錢、十塊錢……慢慢累積，累積到一個金額之後，再拿出來捐獻。可以說，佛光山是靠著全球數百萬信徒的發心，纔有今日的成就。所以，我們要讓發心的功德主們知道，當我們看到電燈亮起時，就想到全世界有你們在放光；當我們接受一杯茶水時，就想到你們在全世界，供養茶水、飯食、居所給十方的有緣人。

開山之初的幾件靈感

開山之初，每隔四五天，高雄市區就會有一個人送報紙和幾支蠟燭來給我們。那時開山寮在現在朝山會館的位置，用茅草簡單搭建而成。

我們在一九六七年五月十六日開山，到了八月、九月，晚上還是很熱。有一次，大概晚上十一二點，我點了蠟燭要看報紙；當年對我來說，看報是獲得知識很重要的管道。忽然聽到鼓聲，「咚、咚、咚咚！」心想：奇怪，怎麼會有鼓聲？現在是半夜，這裏是山上啊！記得那時送報紙來的居士坐在我正對面，鼓聲再次響起，我立刻問：「你有聽到鼓聲嗎？」他說沒有，我只好說自己太敏感了。

又過了一會兒，「咚、咚、咚咚！」我說：「你聽！鼓聲！」這一回，他也聽到了。奇怪，怎麼會有人敲鼓呢？而且鼓聲悅耳。不過我們沒有就此再談下去，我仍舊繼續看我的報紙。這時，我突然心生一念：鐘鼓之地，必定與佛有緣！可以說，這個深夜的鼓聲，增加了我的肯定，強化了我的信心。

還有一次剛吃過午飯，便聽到男衆學部的鐘聲響個不停。那時有一位從緬甸來訪的恒越法師，據聞過去他在戰爭中被子彈射中大腿，用筷子把子彈壓擠出來，很是勇敢。雖然老人家已經八十多歲，但我知道他生性調皮，就猜想或許是他在亂敲鐘，但是在山上四處尋找都找不到他人，這鐘聲彷彿是發自天上，來自虛空。

另外，在我的記憶裏，大悲殿即將落成時，有一天晚上八九點，我到大悲殿去巡視佛像及佈置的情況，一進入大殿，就聽到課誦聲，那時山上還沒有音響設備，課誦聲音如此優美、莊嚴，是從哪裏傳來的呢？但是看到心定和尚等人都在忙著書寫功德芳名、擦拭佛像，也就沒有詢問他們是否聽到。

從大悲殿一路走下來，進了觀照堂辦公室，看到慈莊法師等人一樣忙碌著，原本想就不說了，但還是忍不住地告訴大家：「我剛纔在大悲殿聽到課誦的聲音，不曉得是從哪裏傳來的，你們要不要一起去聽聽？」他們說好，我也陪同他們一起上去，但是卻發現不只他們聽不到，連我也沒聽到了。

那時我心想：哎呀！剛纔不要說就好了，現在大家都聽不到課誦聲，會以爲我說謊嗎？不過再想想，大家都是我多年的弟子，必然會知道我的性格和爲人。

第二天，我又到大悲殿看他們佈置，課誦的聲音又再響起，我趕快叫人下去把職事們叫上來聽；果然，這回他們都聽到了。這時，心定和尚從旁邊走過來，問道：「你們在做什麼？」我說：「你沒有聽到嗎？有課誦聲啊！」我很清楚記得當時心定和尚回答：「這個聲音啊，我在這裏天天都聽到。」聽到他的回答，我纔放下心中的疑慮。

《普門品》有云：「應以佛身得度者，即現佛身而爲說法。」佛光山開山至今，不斷地有人說：「是觀世音菩

薩找我來的！」甚至神明說：「觀世音菩薩叫我們來大悲殿。」關於觀世音菩薩的靈感，現在說來，自己都覺得殊勝。

早期佛學院的同學們都知道，有一天晚上九點，做晚課之前，學生們在走廊上排班，忽然有人看到觀世音菩薩示現在大悲殿旁竹林的上空，他們立刻一個一個地跪下來，朝竹林的方向膜拜：「我看到活菩薩了！」初入佛道的學生怎麼可能相信？但當時大家確實是感受到觀世音菩薩的慈悲示現，而情不自禁地跪地禮拜。

關於大悲殿的靈感還有很多，但我並不特別提倡。我覺得佛菩薩的威德力，不是人力所能及的，所謂佛法無邊、佛力廣大，是我們讚嘆都讚嘆不完的！

不肯去地藏菩薩

還有一件很奇妙的事。過去佛光山上地藏殿裏供奉的地藏菩薩像，原本聽說是旗山一間寺院請人塑造的，但是完成後，運送的途中，車子行經佛光山山門口彌勒佛那個位置時，地藏菩薩突然從卡車上滾了下來，再也不肯上車。於是負責運送的人只有跟地藏菩薩說：「算了，既然你願意留在佛光山，那就讓你留在這裏吧。」從此這尊地藏菩薩成爲總本山的「不肯去地藏王」。

俗話說：「心誠則靈。」信徒之間都說地藏菩薩非常靈感，到地藏殿祈願，所求順遂如意的感應很多。所以我想，雖然地藏殿位處偏僻，不起眼的山頭，但是不必擔心前來禮拜的人會少了。

接引大佛出外化緣

接引大佛的靈感也很多。例如興建大佛的時候，有一位基隆信徒陳仁輔來山朝拜，開立了一張六十萬元的支票給常住。六十萬元在當時是很大的一筆數目，知客法師就說：「我帶你到朝山會館和我們的當家見面，讓我們來招待你吧！」他說：「不必！我也不是很有錢，只是大佛叫我送來六十萬，你把捐助收據在這裏燒化了，讓我對大佛有個交代就好了。」

以上所述是佛光山開山的因緣，而在數十年的弘法過程中，也經常有人問我是如何將佛法傳播到世界各地？設立各地別分院的因緣是什麼？就在這裏一併敘述。首先就說第一個別分院彰化福山寺吧！

彰化福山寺

佛光山開山四十五年來，在世界各地設立別分院，分擔總本山弘法教化、照顧信徒的責任。佛光山最初的發展，分別在宜蘭和高雄兩地，一個位在北部的東海岸，我稱爲「福如東海」；一個是在南部的高雄壽山寺，我名之「壽比南山」。那時候的交通不似現在方便，從壽比南山到福如東海，也就是從高雄到宜蘭，沒有飛機航綫，只能搭乘火車或汽車，而且單程一趟就要花上一天的時間。遇到兩地的法務需要相互支援時，都要起個大早，在天蒙蒙亮的時候出門，一直到傍晚纔能抵達目的地。

一年又一年南北往返，除了交通之外，最困難的，就是中途需要解決吃飯的問題。當時，素食並不普徧，要找一家素食店，實在不容易。好在後來在彰化發現了一間小麵攤，一碗麵只要一塊半，便宜又好吃，我就經常率領大家前往光顧，排隊吃那一碗一塊半的麵。

佛光山開山之後，我開始舉辦「朝山團」朝山活動。那時候，往來都是行走臺灣一號高速公路，臺北的信徒一早出發，經過六七個小時車程，經常要到黃昏纔能抵達，中途必須停下來吃中飯。不得已，便想與哪一家寺院商議，希望以長期訂約的方式，讓南來北往的朝山團能得以前去用餐，並且給予最大的佈施供養。但是，

竟然没有一家寺院願意承擔。

這期間，我曾經看中位於大甲鐵砧山旁的妙法寺，除了信徒的午餐有著落外，還可以順道一遊鐵砧山。但它的缺點是不在南北交通的中途，而是比較靠近北部，只在南下路程的三分之一。後來，妙法寺交給佛光山管理，原因之一也是基於過去曾建立的因緣，另一方面則是它位在臺灣西部海岸綫，佛光山當時設立別分院的地點，以山綫居多，感到西海岸綫也是需要前往弘法，因此欣然接受並且調派徒衆駐錫。

就這樣，幾經考量，加上徒衆的建議，於是決心在位於臺灣鐵路、公路；山綫、海綫的中心點建立一座道場，這就是彰化福山寺的由來了。

所以常常有人問我，爲什麼要建立福山寺？我都笑著說：「爲了要吃飯。」這確實是真的。最早建立的別分院，説得好聽是爲了弘法利生，實際上吃飯也是重要的問題；取名福山寺，則是因爲這塊土地位在彰化市福山里。

決定要建福山寺了，我想應該要有執照，於是就去向民政局登記「福山寺」。負責的人告知：「你還没有寺院，没有房子，怎麼好登記呢？你應該要去找建設局先申請建寺廟啊！」這話聽來也是没錯，於是我就到建設局申請登記去了。没想到，建設局的人卻説：「你没有建築執照怎麼建設寺廟呢？」就這樣，兩邊推來推去，來回多次，真叫我們莫衷一是，最後只好拜托建築師想辦法。建築師也就替我先畫了圖。

我不明白那時候彰化縣政府以什麼理由，讓我歷經十年都無法辦理寺廟登記。後來，雖然取得了有建築執照的房子，民政局依舊不准許我登記，並且一再拖延時間。爲了弘法，我們無法顧及有關規定，寺裏的法務也只有照做了。一直到十多年後，省政府修改寺廟登記條例，並且發文給各縣市，彰化縣政府纔讓我們完成辦理登記。

記得登記的那一天，負責承辦的人員還要我們參與的徒衆、信徒代表唱「三民主義歌」。佛光山年輕的法師們，每一個人都是以音樂、歌聲來入道的，當「三民主義」一唱出，雄壯有力，他大吃一驚，這許多出家人怎麼會有這樣的合唱水準？自從唱過那首「三民主義歌」以後，福山寺各項的設施申請，就一直很順利了。

經過一段周折，福山寺總算順利開工。我想，要建設福山寺，光是靠總本山補助是非常困難的，因爲當時佛光山也正在發展中。因此，彰化當地的信徒就自動發心，以資源回收的方式籌募建寺基金，經過十幾年，慢慢累積籌建，終於完工。所以當竣工落成時，我一度想把它稱作「環保寺」或是「資源回收寺」，因爲這是佛光人做環保回收而建成的。但福山寺這個名稱已經叫出去，大家早已習慣，只有以此爲名了。

説來，佛光山在臺灣應該受到當局的表揚，爲什麼？因爲在重視環保和資源回收的現代，能夠用環保回收來建設寺院，淨化人心，這不是值得肯定的嗎？

只是福山寺完成啓用後，卻發現一個嚴重的問題：原來那一塊地過去是個垃圾場，上面雖然有土，但地下卻是空的，禁不起壓力、地震、水災等。所以初期建好的福山寺，没有多久就開始傾斜，牆壁土地都出現了裂縫。這一次寶貴的經驗，也讓我瞭解到探勘地質是建築前重要的環扣。

不過，福山寺並没有辜負我當初成立的願心，建築完成後，果然讓南北來往的徒衆、信徒，中途都可以停留吃飯。接著，又設立福山佛學院，甚至佛光山編藏處編輯部也遷移到福山寺，《佛光大辭典》就是當時慈怡法師等人在那裏編輯完成的。那段時間，福山寺儼然成爲佛光山的文化中心。

然而世間許多事真的難以預料，原本以爲建一座福山寺解決了吃飯的問題，誰知一九七八年中山高速公路正式通行後，南北往來只需四個小時，早晨出發到臺北吃中飯，中午吃過飯後出發，回到佛光山吃晚飯，時間還綽綽有餘，就不需要在中途用餐了。但是，在福山寺的徒衆就經常提出要求，你們南來北往怎麼都不到福山寺用餐呢？爲了安慰徒衆，不得已，有一兩次也特意下高速公路去看他們一下。

當初爲了方便吃飯建寺，現在前往福山寺一趟，上下高速公路來回也需要兩小時以上，反而成爲麻煩。只

能說，世間事就是這個樣子，總有許多錯綜複雜的因緣。

嘉義圓福寺

除了福山寺以外，佛光山在嘉義有一間圓福寺，最初我並沒有想要在那裏建設寺院。並不是說我不喜歡這個地方，相反地，我非常歡喜「嘉義」，因爲佛經裏有云：「若是經典所在之處，皆爲有佛。」嘉義，意思就是有「仁義」的地方，這是多麼美好啊！

尤其，我初到臺灣時，第一次講經的地方就是嘉義；後來「中國佛教會」也經常叫我去那裏講經、主持法會；甚至嘉義的寺院也有人想邀我去擔任住持。但是縱然有這許多因緣，我都不曾想過要在嘉義建設道場。

一直到了一九七九年，不知道什麼原因，圓福寺積欠了稅捐處稅金四百餘萬元，稅捐處要拍賣它來償還債務。當時圓福里的老里長想，一座百年的寺廟就這樣沒了，實在心有不甘，卻又不得辦法，心裏非常著急。有一天，他在圓福寺旁的一棵大樹下打瞌睡，夢中聽到有人喊：「大樹！大樹！」醒來以後，他看看身邊的大樹，就問大樹：「你能賣錢贖回寺院嗎？」

這時候，有一位林慈超老菩薩得知這件事，就跟他說：「你夢中的『大樹』，應該是指高雄縣大樹鄉的佛光山，你去找佛光山纔會有辦法。」

老里長真的特地到佛光山來提出他的訴求，希望我幫圓福寺度過這個難關。那時候，臺幣四五百萬的價值，就等於現在的四五億元，一時之間，我到哪裏籌措四五百萬元來償還這筆債呢？而且限期只到明天了。

面對這樣一個難題，我心想，或許可以先找嘉義稅捐處陶處長，請他通融一下，延後拍賣的期限吧。好在佛菩薩保佑，到了稅捐處，得知處長是慈惠法師過去在宜蘭稅捐處的長官，他一聽到我們有意接辦圓福寺，立

歡喜，熱絡不已。加上普門寺舉辦的佛七修持、供佛齋天、盂蘭盆報恩法會等等，真是帶動了整個佛教，讓佛教的弘法如火如荼地展開了。

所以，普門寺名曰「普門」，真的是「普門大開」了。也因爲臺北別院的關係，臺北其他的寺院，從此都一一開啓大門接引信衆了。說起來，慈容法師對於臺北佛教的發展是有很大貢獻的，除了擔任佛光會秘書長，努力發展佛光會外，也光大了佛光事業；後來臺北的信徒想要推舉慈容法師擔任臺北市佛教會理事長，這不是沒有理由的。

會有普門寺，當初也是爲了解決吃飯問題。初來臺灣時，我經常不得飯吃，因此發願有一天自己創建道場，一定要「普門大開」，供人吃飯。有了普門寺之後，我立下每天多準備兩桌飯菜的規矩，主要是讓來訪者有飯可吃。一直到今天，普門寺都還維持著這樣的傳統。

佛光山在臺北以普門寺爲基礎，後來又有了臺北道場。本著「以粥代茶」的理念，只要來訪的客人，都會以一碗平安粥代替一杯茶供養。臺北道場的弘法功能更爲擴大，許多事業一一展開，如：報紙、百萬人興學、電視臺、美術館、社區大學以及各種社教活動等，在道場啓用之後，一直弦歌不斷至今。佛教的弘法如此熱絡，讓我頗感欣慰。期勉僧信二衆要更加努力服務大衆！

宜蘭雷音寺

佛光山的別分院中，東北部的宜蘭雷音寺和南部的高雄壽山寺，是我最早期在南部及北部弘法的道場據點，對我一生的弘法事業至爲重要。

雷音寺，原名爲宜蘭念佛會，早期是隸屬臺灣齋教龍華派的一間小廟。平時，只有一位妙專老尼師住在那

能說，世間事就是這個樣子，總有許多錯綜複雜的因緣。

嘉義圓福寺

除了福山寺以外，佛光山在嘉義有一間圓福寺，最初我並沒有想要在那裏建設寺院。並不是說我不喜歡這個地方，相反地，我非常歡喜「嘉義」，因為經典裏有云：「若是經典所在之處，皆為有佛。」「嘉義」，意思就是有「仁義」的地方，這是多麼美好啊！

尤其，我初到臺灣時，第一次講經的地方就是嘉義；後來「中國佛教會」也經常叫我去那裏講經、主持法會。甚至嘉義的寺院也有人想邀我去擔任住持。但是雖然有這許多因緣，我都不曾想過要在嘉義建設道場。

一直到了一九七九年，不知道什麼原因，圓福寺積欠了稅捐處稅金四百餘萬元，稅捐處要拍賣它來償還債務。當時圓福里的老里長想，一座百年的寺廟就這樣沒了，實在心有不甘，卻又不得辦法，心裏非常著急。有一天，他在圓福寺旁的一棵大樹下打瞌睡，夢中聽到有人喊：「大樹！大樹！」醒來以後，他看看身邊的大樹，就問大樹：「你能贖回寺院嗎？」

這時候，有一位林慈昭老菩薩得知這件事，就跟他說：「你夢中的『大樹』，應該是指高雄縣大樹鄉的佛光山。你去找佛光山總會有辦法。」

老里長真的特地到佛光山來提出他的訴求，希望我幫圓福寺度過這個難關。那時候，臺幣四五百萬的價值，說實在的，現在的四五億元，一時之間，我到哪裏籌措四五百萬元來償還這筆債呢？而且限期只到明天了。面對這樣一個難題，我心想，或許可以先找嘉義地區的縣長，請他通融一下，延後拍賣的期限吧。好在佛菩薩保佑，到了最後關頭，有信徒居士是慈惠法師過去在宜蘭當老師時的學生家長，他一聽到我們有意接辦圓福寺，立刻答應延期。最後佛光山在萬般困難下籌足款項，為圓福寺還了這筆債務。

雖然接收了圓福寺，但是待解決的問題還有很多。當時寺裏有好幾間工廠，必須拿錢請他們搬遷；原本住在寺裏的一位老尼師，也要另外給她們一個住處。等到這些事情處理圓滿，前後大約也花了數千萬元以上。

接著就是規畫重建，其中經歷的困難，也難以去述說。不過，圓福寺重建完成也很好，因為佛光山開山工程進行期間，佛學院的學生不斷增加，宿舍來不及建設，於是我們就在圓福寺設立分部，取名「圓福佛學院」。

重建後的圓福寺，由依嚴法師前往擔任住持。「華嚴寶殿」的氣勢雄偉莊嚴，可以說諸佛菩薩都來護持度眾，可看到信徒人數日益增多，也令人稍感寬慰了。

由於依嚴喜愛動物，寺裏放生池的錦魚就有尺長，而飼養的九官鳥也會學人講話，不少人聞風前來觀賞。有一次去圓福寺巡視，我就告誡依嚴：「你要把圓福寺做成道場，可不能把它做成動物園啊！」

後來，這隻九官鳥去世，寺裏為它立了牌位，在「三時繫念」法會中同時超薦。想不到，是在佛前的燭火竟然現出這隻九官鳥的[illegible]，驚動了所有與會大眾，大家奔走相告，口耳傳誦。那時，還有人拍下照片為證，發表在佛光出版社出版的《佛光山靈異錄》一書中。

所以，一個道場的興隆發展，還是要靠住眾的發心服務，在佛菩薩的加被下，一切眾生，甚至鳥類也都會前來護持。

臺北普門寺

佛光山位在南部高雄，初期建設的時候，大部分的資源可以說都是來自臺北。尤其朝山團，每個週末都是幾十部裏，沒有其他的出家人駐錫弘法，不過偶爾也讓行脚遊方的僧人暫時掛單。一九五三年，我應蘭陽仕紳李決和、張輝水、林松年、林長青等居士的邀請到雷音寺講經，而開始與宜蘭結緣。後來因爲宜蘭信徒們求法的虔誠，讓我決定留在當地弘法。

雷音寺後因應弘法的需求及颱風的侵襲破壞，幾次拆除重建，至今已成爲一座十七層大樓的道場，並且更名爲蘭陽別院，是宜蘭地區最高的建築物。目前，由於經常舉辦各種文教活動，聚衆頻繁，例如每逢佛七、法會，都有數千人參加，同時也提供社會各界做爲集會、辦活動的場地。所以，與六十年前比起來，蘭陽別院現在的規模是很相當的。可以說，它的弘法功能，從早期到現在一以貫之，法務相當興隆。

猶記得我初到宜蘭的頭一兩年間，陸續成立青年歌詠隊、學生會、兒童班、補習班，到電臺廣播、學校講演等，帶動民衆學佛風氣，光是舉辦佛誕節花車遊行，就有數萬人與會。當時宜蘭市的行政單位有四十八個里，每一里都有一班宜蘭念佛會的學員，我將他們分別取名光明班、清淨班、菩提班、慈悲班等，共四十八班。那時候，信衆們聞法相當熱切，且積極參與各種弘法活動，在道心不斷增長之下，後來甚至還因爲虔誠打佛七，感得雷音寺的佛像開眼，成爲整個宜蘭地區津津樂道的盛事。

一九五〇年代的臺灣，還沒有電視機，吸引一般民衆注意的活動並不多見。每次我帶著青年到鄉村弘法佈教，透過幻燈機、録音機弘法講座，再配上他們美妙的歌聲，每每都受到鄉民們的熱烈歡迎，也度了不少青年加入弘法利生的行列。

我在佛光山建立僧團後，早期跟隨我到世界弘法的年輕人中，大部分都出自於宜蘭。例如宜蘭有名的三劍客：慈莊（畢業於日本佛教大學）、慈惠（畢業於日本大谷大學）、慈容（畢業於日本佛教大學），以及慈嘉（畢業於日本佛教大學）、依空（畢業於日本東京大學）、蕭碧霞師姑（畢業於臺灣政治大學），還有男衆心平、慧龍、慧傳等多人，他們都是優秀的佛教人才。

四十幾年前，她們剛留學回臺後，有的提起一個小布袋，就走徧世界成立道場；有的爲佛光跑天下，穿梭各大城市成立佛光會，大家真的是跟著我上山下海，南征北討，到全球各地播撒佛教的種子。後來，各地的佛教青年紛紛向這許多人看齊，投入僧團，參與佛教事業，爲社會大衆服務。像近二十年來的青年，大部分都是留學歐洲、美洲，到大陸求學，並且留在當地，投入弘法行列。

現在聽來，似乎都是理所當然而平常的事情，但是，在當初佛教受到排擠、普徧學佛風氣相當低靡的時代，這數十年來，社會大衆對佛教、出家人觀感的改變，可以說是非常不容易的。

高雄壽山寺

宜蘭雷音寺，是我在一九五三年新春過後，開始前往弘法的道場；一直到了一九六三年，我在高雄著手興建壽山寺，在這十年之間，因爲我與高雄佛教堂有一些弘法因緣，因此南北往來結緣。

之所以會興建壽山寺，是由於高雄佛教堂的信衆之間起了紛爭。當時有一批人離開高雄佛教堂，另覓靠近壽山公園的一塊地興建了壽山寺，並且要我前去住持。起初，我並不想駐錫道場，因爲我的理念只想弘法、從事文教事業，爲此，我還捐了兩萬元給他們作購地基金，成爲發起建寺者之一。

想不到壽山寺建起來後，信徒口口聲聲都說這是爲我而建，非得要我前去不可。但我實在不願意主管寺院，就像我在宜蘭弘法至今近六十年，沒有擔任過宜蘭雷音寺住持一樣，後來是不得已纔做了宜蘭念佛會的會長。

爲了不拂逆信徒的好意，我請了美濃朝元寺慧定、善定法師前去壽山寺擔任當家。他們兩位是我在新竹青草湖「臺灣佛教講習會」教書時的學生，後來前往日本留學；但是他們有自己的寺廟，經常要忙碌，無暇兼顧，

也就很少到壽山寺來。我自己也由於來來去去，感到交通相當不便，而很少南下高雄，一直到一九六四年，我要籌辦佛教學院了，纔真正爲壽山寺展開佛教的弘揚。

壽山寺雖然是初成立的一間小廟，但是因爲辦有佛學院，就有因緣承擔一九七五年在臺灣召開的「第一屆世界華僧大會」貴賓參訪高雄的接待工作。當時，本省人、外省人還是有所差距，「中國佛教會」的權力大都集中在白聖法師身上，雖然他非常排斥我，但是，現在臨到要歡迎來自世界各地的華僧，他們就叫我負責接待。

我是不主張送往迎來的，但到了這個時候，要怎麼接待呢？想到這是一件大事，一定會引起社會的轟動，尤其人到了高雄火車站，必定要造成盛況。因此，我有了「一不做、二不休」的決心。

其時，剛過十月十日，當局爲了慶祝「雙十節」，街上到處貼有紅色標語，剛好給了我一個靈感。

於是，我前去市政府拜訪市長，說：「『雙十節』過去了，現在世界華僧到高雄來，可不可以把牌樓借給我，我找人油漆，寫上『歡迎世界華僧到高雄』，不用花政府的錢，還替高雄做個面子。」市長聽到不用花錢，馬上回答：「可以、可以。」之後，我只花兩千塊錢，找油漆匠把字改一改，就成了歡迎華僧大會的招牌了。

另外，我用油印的方式在宣傳單上提供幾個歡迎的辦法：

一、每個寺廟派五十個人到火車站列隊迎接；

二、每人手上拿一支小教旗；

三、每間寺院在紅色旗幟上寫下自己寺院的寶號；

四、當天信衆穿什麼衣服，可以自行決定。

我一家一家地拜訪寺廟，最初大家都冷冷淡淡的，不大願意響應。不得辦法，我只有聽天由命。哪裏知道活動當天，來了數萬人，全部集中在高雄火車站前；各處的樂隊，也都想各自表現一番。我真是嚇了一大跳，

聲勢之浩大，可謂盛況空前。世界華僧抵達高雄，看到這麼大的歡迎標誌、這麼多的歡迎隊伍、這麼擁擠的人潮，他們一個個受寵若驚。我實不知竟然會如此轟動。

世界華僧們從高雄火車站繞行到鳳山市，之後再回到高雄，走了幾個鐘點，除了各寺院熱烈歡迎以外，民衆夾道爭相目睹，場面熱鬧不已，大家走得也很高興。可是，當隊伍走回高雄市區時，不敢走到中間的大馬路上，只是順著路旁的人行道走。眼看龐大的隊伍實在不能這樣擠在人行道上，我便自告奮勇高喊一聲：「跟我走！」

隨即拿起教旗在前頭闊步領隊，把大家引導到馬路中間行走，只見一路上所有紅燈都變成綠燈，整個隊伍如入無人之地，浩浩蕩蕩地通過街衢大道，震動了整個高雄市。最後就留下華僧們搭著紅祖衣，我穿著長衫領隊，走在大馬路前面的歷史畫面。

接待世界華僧以後，壽山寺在大高雄一舉成名，大家有了信心。第二年，我舉辦佛誕節花車遊行，幾百部的車子共同參與，寫下「高雄有花車遊行，臺北有雙十節遊行」的創舉。尤其南部的佛誕花車遊行是屬於民間的活動，這種場面要再重現，恐怕是不容易了。

現在回想起來，宜蘭念佛會助長了壽山寺的發展，壽山寺的發展助長了佛光山的開山建寺，用一句流傳的話說，宜蘭真是「福如東海」，壽山真是「壽比南山」，在我看，因爲「福如東海，壽比南山」，所以現在纔能夠「佛光普照，法水長流」了。

因爲壽山寺到佛光山的因緣，接著，高雄左近的別分院，如普賢寺、南屏別院、旗山禪淨中心、鳳山講堂、小港講堂、右昌寶華寺、岡山禪淨中心、屏東講堂等等，也都如雨後春筍般一一成立，已儼然成爲當地的文教活動場所，及民衆重要的心靈加油站。

過去的佛教，總是提倡念佛、拜佛，未來就可以往生阿彌陀佛的極樂淨土；但我倒覺得，不一定要將來纔

往生到西方極樂世界，應該現在當下就可以往生到佛光山來。因此，我在建設佛光山時，心中就有一個理想：以一個人的人生爲藍圖，希望把佛光山建設成一個「人間佛國」。

甚至我又想到，過去想要禮拜代表悲、智、願、行大乘佛教精神的觀世音菩薩、文殊菩薩、地藏菩薩、普賢菩薩等四大菩薩，都要分別前往浙江普陀山、山西五臺山、安徽九華山、四川峨嵋山等地。因此，我就把中國四大名山綜合起來，建在佛光山裏，讓佛光山成爲一個實踐菩薩道的大乘佛國淨土。

經常有人問我：「爲什麼要在這塊荒瘠的麻竹園土地上建立佛光山？你憑著什麼理念開創佛光山？」事實上，在籌建開山的時候，就常常告訴來山的信衆，我是本著四個理念而建：一是以退爲進；二是以衆爲我；三是以無爲有；四是以空爲樂。這也可以說是佛光山的人生觀了。

甚至於興建完成後，我更立下佛光山的四大宗旨：「以文化弘揚佛法，以教育培養人才，以慈善福利社會，以共修淨化人心。」其中，共修，不單只是指法會的修持，凡集會、法會、講座、組織等等，都是共修的內容。唯有大家常常以法聚會，身心纔會慢慢得到淨化。就好像基督教講洗禮一樣，把汙穢罪業洗淨，可以去除無明煩惱，心靈可以擴大升華。所以，「共修」就是淨化身心的意思。

我的信念是，佛光人在爲信徒服務時，要抱持著「光榮歸於佛陀，成就歸於大衆，利益歸於常住，功德歸於信徒」的精神。所謂「光榮歸於佛陀」，指的是雖然佛光山大衆人多共事，但個人不可爭功、不可執著，一切重要的人事，要依民主方式選舉，將有能者推舉出來後，不論年齡、地位，全山大衆都要護持。

在佛光山做事，凡事都要隨喜隨衆，沒有個人，所有一切的光榮都是集體創作、仗佛光明而得。因此，光榮是佛陀的、是佛教的，不是個人的，在佛光山的僧信四衆弟子只是爲佛陀效勞，所謂「色身交給常住，性命付予龍天」，把自己奉獻給三寶；只爲佛教，沒有自己。

「成就歸於大衆」指的是，佛光山創辦的許多社會事業，如：大學、中學、小學、幼稚園、電臺、報紙、雜誌社、出版社、書局等，乃至提供大衆修行的禪堂、念佛堂、抄經堂，文教之用的美術館、教室、圖書室、會議室等，這些都不是我們個人能做到的，一切的成就都是十方大衆共成的。

再者，所謂「利益歸於常住」，在佛光山一切都依佛陀建立「六和僧團」的理念而行事。「六和」是指和樂的相處（身和同住）、語言的親切（口和無諍）、心意的開展（意和同悅）、法制的平等（戒和同遵）、思想的統一（見和同解）、經濟的均衡（利和同均）。以時代的發展來看，可以說，佛光山是一個符合社會主義的僧團，可見佛陀當初「六和主義」的思想，比世界上的一切主義還要早、還要進步。所以在佛光山服務，雖沒有發財的人，但也沒有人爲生活憂心，無論衣、食、住、行、生病、旅行等，一切都由常住照顧，真是無憂無慮的佛國樂土。

而「功德歸於信徒」，信徒在這裏發心、修持、奉獻，一切的緣分、功德都應該屬於他們所有。記得臺灣大學副校長湯明哲教授曾問過我一個問題：「我們在家人每個月拿薪水，每週休二日，還是覺得不夠，而佛光山的出家衆，既沒有拿薪水、又沒有放假，大家不停地做事，即使到了晚上，也還在做，這究竟是什麼力量？」我回答他：「在家人『擁有』，有，當然越多越好；出家人『以無爲有』，人到無求品自高。」

爲了讓佛光山的徒衆有所依據，我在初創佛光山時就訂定「佛光山組織章程」，並且制定了《怎樣做個佛光人》，及佛光山十二條門規，讓兩序弟子能有所依循。今列如下：

怎樣做個佛光人

第一講：

一、佛光人是常住第一，自己第二。二、佛光人是大衆第一，自己第二。

三、佛光人是事業第一，自己第二。四、佛光人是佛教第一，自己第二。

第二講：

一、佛光人要先入世後出世。二、佛光人要先度生後度死。

三、佛光人要先生活後生死。四、佛光人要先縮小後擴大。

第三講：

一、佛光人不私收徒弟。二、佛光人不私蓄金錢。

三、佛光人不私建道場。四、佛光人不私交信者。

第四講：

一、佛光人不私自募緣。二、佛光人不私自請托。

三、佛光人不私置産業。四、佛光人不私造飲食。

第五講：

一、佛光人要有宗教情操。二、佛光人要有因果觀念。

三、佛光人要有慚恥美德。四、佛光人要有容人雅量。

第六講：

一、佛光人要有爲教的憂患意識。二、佛光人要有爲道的篤實心態。

三、佛光人要有對事的敏鋭覺知。四、佛光人要有爲衆的慈心悲願。

第七講：

一、佛光人以佛法爲重，以世法爲輕。二、佛光人以道情爲重，以俗情爲輕。

三、佛光人以實踐爲重，以空談爲輕。四、佛光人以是非爲重，以利害爲輕。

第八講：

一、佛光人不以經懺爲職業。二、佛光人不以遊方爲逍遥。

三、佛光人不以自了爲修行。四、佛光人不以無求爲清高。

第九講：

一、佛光人身語行爲要有社會性。二、佛光人弘法利生要有使命感。

三、佛光人五欲六塵要有自制力。四、佛光人做人處事要有公德心。

第十講：

一、佛光人生活要佛法化。二、佛光人信仰要理智化。

三、佛光人處事要平和化。四、佛光人修持要落實化。

第十一講：

一、佛光人將光榮歸於佛陀。二、佛光人將成就歸於大衆。

三、佛光人將利益歸於常住。四、佛光人將功德歸於檀那。

第十二講：

一、佛光人要給人信心。二、佛光人要給人歡喜。

三、佛光人要給人希望。四、佛光人要給人方便。

第十三講：

一、佛光人要能不忘初心。二、佛光人要做不請之友。

三、佛光人要肯不念舊惡。四、佛光人要懂不變隨緣。

第十四講：

一、佛光人要有以衆爲我的認知。二、佛光人要有以無爲有的思想。

三、佛光人要有以退爲進的雅量。四、佛光人要有以空爲樂的觀念。

第十五講：

一、佛光人要發揮集體創作的成就。二、佛光人要堅守非佛不作的信念。

三、佛光人要認同制度領導的精神。四、佛光人要遵從唯法所依的準則。

第十六講：

一、佛光人在生活上要隨遇而安。二、佛光人在修行上要隨心增上。

三、佛光人在社會上要隨緣不變。四、佛光人在處事上要隨喜結緣。

第十七講：

一、佛光人要像千年老松，禁得起歲月寒暑的遷流。

二、佛光人要像嚴冬臘梅，受得了冰天雪地的考驗。

三、佛光人要像空谷幽蘭，耐得住清冷寂寞的淒涼。

四、佛光人要像秋天黃菊，熬得過寒霜雨露的摧殘。

第十八講：

一、佛光人要自我觀照，反求諸己。二、佛光人要自我實踐，不假外求。

三、佛光人要自我更新，不斷净化。四、佛光人要自我離相，不計勝負。

佛光人十二條門規

一、不違期剃染；二、不私建道場；

三、不夜宿俗家；四、不私交信者；

五、不共財往來；六、不私自募緣；

七、不染汙僧倫；八、不私自請托；

九、不私收徒衆；十、不私置産業；

十一、不私蓄金錢；十二、不私造飲食。

我把佛光山開山以及北、中、南別分院的興建經過，簡單地口述下來，雖然都是過往之事，卻是大家向未來看望的依據。開山不易，要打開心的覺悟之門更難，只有知道並體會了開山的歷史和精神，讓自己的心力如同開山那一代人那樣的發心立願，直下承擔，纔能永遠沐浴在佛光裏。

「佛陀紀念館」建立因緣

在我一生當中，我親自主持的建築，比較重要的有：高雄佛光山、宜蘭佛光大學、嘉義南華大學、美國西來寺、休士頓中美寺、奧斯汀香雲寺、巴西如來寺、巴黎法華寺、澳洲卧龍岡南天寺、布里斯班中天寺、紐西蘭佛光山、江蘇宜興大覺寺等，但是這些建築所花費的金錢、人力以及心力，都沒有「佛陀紀念館」來得多、來得大。我們在佛館的碑牆上鐫刻佈施者的功德芳名，所謂「千家寺院·百萬人士」，捐贈者不但有全球各地信衆，還包括各友寺道場，甚至跨宗教的護持者，這座建築正是集合十方各界人士所共同完成的一個傑作。

我總共花了十多年的時間籌備，經過三年多的建設，大體完成。「佛陀紀念館」從二〇一一年落成開放迄今，據統計，在一年之中已有千萬人來此參拜了。

這幾年來，經常有人問我：「蓋這座『佛陀紀念館』，總共花了多少錢？」

如果我照實說，別人會議論紛紛，認爲花了那麼多的錢，好可惜！如果把它拿去蓋醫院、做慈善就好了。

如果我說的數字不大，但事實上，所有的建設又昭然在目。就以土地來說，「佛陀紀念館」占地約一百多公頃，佛光山左近的地價，目前已經到達五萬元一坪。一公頃約三千多坪，假如用一坪五萬元的數字來計算，那是一筆多麼可觀的數目了！

再者，建設期間的工程、人力、物資等，需要不少的費用；當中也有一些工程人員、信徒的發心，他們都不計較，如果把這許多的不計較都計算在裏面，那些數字也就不算什麼了。

那麼究竟是花了多少錢呢？其實，從以前到現在，還有一些廠商都還没有來收費，所以真的很難計算出來，不如就不說了吧！

回想當初我建設宜蘭佛光大學、嘉義南華大學，大約各花了五六十億元，這些經費大多是由「百萬人興學」運動，大家共同完成的。現在，這座由「千家寺院·百萬人士」共同成就的「佛陀紀念館」，我也應該把它的來龍去脈、前因後果向大衆做個交待。

我與佛陀舍利的因緣

先要說到這顆佛陀舍利的緣由。

大約是一九八五年六月，「中華漢藏文化協會」於政治大學公企中心大禮堂成立。隔年，在佛光山舉辦「世界顯密佛教學術會議」，邀請全世界密教四大教派的法王、仁波切及各國學者專家來佛光山參加會議。在此期間，我已經和不少藏傳佛教的人士結了善緣。

說得近一點的因緣，有感南傳比丘尼戒法失傳已久，爲了恢復南傳尼衆教團，一九九八年二月，我們特地到印度菩提伽耶傳授「國際三壇大戒」。那一次傳戒會當中，聚集了來自全世界的佛教領袖，如斯里蘭卡的達摩難陀長老、古那拉達長老、達摩羅卡長老、柬埔寨僧王德旺長老、蒙古的堪巴喇嘛，以及西藏的許多法王等大德，都來共襄盛舉。

這是中國漢傳佛教首次跨越國家、種族及法脈傳承，第一次到印度傳戒，順利傳授了出家的沙彌、沙彌尼、比丘、比丘尼戒，連同發心求受五戒、菩薩戒的信衆人士，超過了兩千五百多人受戒。

有了善因，就有善緣，在那個同時，成就了佛教界的另一樁盛事，那就是佛陀舍利來臺的因緣。

記得有一天，時任「中華漢藏文化協會」理事長、爲人正派的田璧雙喇嘛告訴我，一位貢噶多傑仁波切表示要贈送一顆佛陀舍利給我，希望我請回臺灣建館供奉，讓正法永存，舍利重光。他說感於自己年事已高，知

道沒有辦法妥善供奉這顆佛陀舍利，只有委托我們來辛苦一下。

說起佛陀舍利，經典裏記載，是佛陀涅槃後遺體火化而成，現存世非常稀有，其中一顆佛陀舍利輾轉被貢噶多傑仁波切獲得。他爲了守護這顆佛陀舍利，冒險把它帶到佛陀故鄉。經過薩迦廷勤法王、頂果欽哲法王、覺吉體欽仁波切等高僧的認證，他們一致勸他興建佛塔供奉，讓衆生都有福報能瞻仰佛陀的真身舍利。爲了等待合適的機緣，佛陀舍利一直密藏在他隨身的「迦護」寶盒當中，長達三十年之久。由於他感到年事漸高，自知無力再興建佛陀舍利塔供養，一直希望爲它找到可以托付的人。

當他瞭解到佛光山在世界佛教交流、促進宗派融和等方面做了許多努力，肯定佛光山是弘揚「人間佛教」的正派道場，並且相信我有能力護持佛陀舍利，於是透過田璧雙喇嘛的介紹，在我前往印度傳戒期間，當面向我表達贈送的心願。

起初，我還會意不過來，也不敢相信自己有這樣的福報，貢噶多傑仁波切誠懇地告訴我，這顆佛陀舍利是經過多位法王認證，並由十二位仁波切聯名捐贈，希望我能接受。經過一番瞭解後，我想到臺灣民衆如果真有這樣的福報，應當盡力促成。他也提醒我，爲了避免印度政府從中阻撓，迎請舍利回臺灣必須繞境，從印度經尼泊爾加德滿都機場到曼谷，再從泰國迎回臺灣。我也同意他的考量，說：「千萬不能聲張，聲張了以後，這顆佛陀舍利能不能到臺灣都還成問題。不如輕車簡從，繞到尼泊爾再到泰國，我們請專機到泰國去迎接。」

等到戒會圓滿回臺，我纔向大衆宣佈這個消息，馬上得到佛教徒的熱烈支持，社會各界也樂觀其成。事情大致確定之後，我就聯合佛教界與社會賢達，組成「佛陀舍利恭迎團」，搭乘專機前往泰國迎請舍利回臺灣。

四月七日上午，由國際佛光會「中華總會」會長吳伯雄擔任團長，慈容法師爲執行長，護持委員心定和尚、慈莊法師、慈惠法師、王金平、陳履安、吴敦義、丁守中、潘維剛、趙麗雲等百餘人組成的「佛陀舍利恭迎團」一行，搭乘「華航」CI-695專機前往泰國曼谷迎接佛陀舍利。

貢噶多傑仁波切原本預定六日啓程到泰國，我擔心期間會有變數，所以要他提早一天，沒想到他們抵達泰國的隔天，尼泊爾當地就因政變而關閉機場。消息傳來，大家都感到十分慶幸，似乎在冥冥之中，佛陀也成就佛陀舍利到臺灣的盛事。

四月八日一早，貢噶多傑仁波切禮拜過佛陀舍利後，親手將它交給田璧雙喇嘛，並且在「佛陀舍利恭迎團」一行的護送下，來到世界佛教徒友誼會的會場。泰國副僧王頌德帕菩陀詹長老、世界佛教徒友誼會會長恰洛·威沙門中將等人，早已等候在大門口，代表世界佛教徒友誼會及泰國佛教界恭迎舍利。

祈安法會中，特別以藏語、泰語、漢語誦經，象徵顯密佛教融和、南北傳佛教融和。隨後，在副僧王頌德帕菩陀詹長老的見證下，由貢噶多傑仁波切捐贈、密教四大教派十二位德行兼備的仁波切聯名簽署，並經薩迦派的廷勤法王、寧瑪派的頂果欽哲法王等高僧認證的佛陀舍利，交由我代表接受，隔日再搭乘「華航」專機迎請回臺灣。

由於當天適逢佛誕節，佛陀舍利在法會結束後，又被迎請到世界佛教徒友誼會所在地皇后公園，供全民瞻仰禮拜。在那期間，泰國的僧王頌德帕雅納汕瓦拉曾語重心長地跟我說：「佛陀舍利很小，不過他需要的地方很大。」他的一番話，更堅定了我要建設「佛陀紀念館」的決心。

四月九日下午二點三十分，佛陀舍利順利抵達臺灣桃園機場。佛光山住持心定和尚早已率領兩萬名信衆在機場等候迎接。爲了表達最虔誠的心意，現場有兩百位優婆夷遵循古禮，以香花鋪地、布髮接足禮，同時有兩百位顯教法師持幢旛、手爐，以及密教喇嘛吹法螺迎接。還有「國防部」示範樂隊及各界代表現場奏樂、臺灣佛教界代表沿途恭迎，場面隆重莊嚴，氣氛祥和肅穆。

當天在機場參加恭迎法會的貴賓，有「行政院長」蕭萬長、「考試院長」許水德、「立法院長」王金平、「內

政部長」黃主文等人參加。會中，我代表大眾向佛陀舍利祝禱祈願，並感謝貢噶多傑仁波切的無私捐贈，以及田璧雙喇嘛的居中促成。

法會圓滿後，大眾啓程護送佛陀舍利回臺北。一路上，警車在前面開道，高速公路北上車道淨空，一路暢行無阻。快到臺北時，忽然下起傾盆大雨，坐在車裏的我不禁擔心起來，在臺北等候的大眾怎麼辦？所幸恭迎車隊下了圓山交流道，大雨霎時停止，彷佛剛纔的一場雨，是特地爲壇場灑淨而下。

到達臺北之後，一些靈感的事陸續傳出，在此就不多敘述。其中最不可思議的，就是佛陀舍利將抵達松山火車站前的臨時壇場時，已是黃昏，突然從天空射出一道金光，把松隆路照得像黃金鋪地一般。

當時多家電視臺爭相轉播，在人間衛視主持現場直播的名作家趙寧博士，看了頻頻稱奇，禁不住興奮地驚呼：「這真是佛光大道啊！」

這個畫面，經過數家電視臺聯合實況轉播下，傳送到世界各地，許多在電視機前觀賞的民眾，無不被這殊勝景象攝受，同感蒙受佛光的加被。現場的信眾看到這個瑞相，更是歡喜感動，嘆爲稀有。到今天，這張紀錄影片還存放在佛光山珍藏。

經過祈福法會儀式後，佛陀舍利暫時供奉在臺北道場的大雄寶殿。短短八個月當中，前往瞻仰禮拜的佛教徒及各界人士、團體，高達數十萬人，主動加入服務行列的義工，也超過萬人以上。

在此期間，「行政院長」蕭萬長先生希望我們能舉辦一個祈福法會，於是我們在四月十一日，於中正紀念堂前的廣場舉行「恭迎佛陀舍利顯密護國祈安法會」，承蒙連戰先生出席上香，與「行政院長」蕭萬長先生、海基會董事長辜振甫先生及現場數萬人共同宣誓奉行「身做好事、口說好話、心存好念」的三好運動。

八個月後（十二月十二日），佛陀舍利恭迎團一行，從臺北道場搭乘鐵路局專車南下，沿途停靠彰化、嘉義、臺南、高雄等站，每站停留九十分鐘，讓當地的信眾瞻仰禮拜。當天晚上，於高雄中正文化中心舉行「恭迎佛陀舍利南來獻燈法會」，由心定和尚主法，現場一萬多名信眾同聲稱念佛陀聖號，獻燈祈福，接著迎奉到佛光山普賢寺。

隔天上午，佛陀舍利由普賢寺出發，行經鳳山、大樹巡境後回到佛光山。此時，山上早已聚集萬名以上的信眾列隊恭迎，看到佛陀舍利回山，每個人的臉上無不流露出歡喜、感動的神情。

在安奉祈願儀式中，我有感而發地說：「佛陀舍利比黃金、鑽石還要珍貴，因爲人們瞻仰佛陀舍利後，不但會恭敬合掌，還會生起歡喜心、道德心，希望大家藉由禮拜佛陀舍利，學習佛陀的慈悲、智慧。」

以上，就是佛陀舍利來臺灣的因緣始末。我認爲能將佛陀舍利迎請回臺灣供奉，不但是臺灣佛教界的一大盛事，也能讓社會大眾藉由禮拜佛陀舍利，人人「心中有佛」，提升人格道德，進而帶來社會祥和、世界和平。所以在我接受貢噶多傑仁波切捐贈的當下，就已經決意在臺灣覓地建塔供奉，期盼讓全世界的有緣人，都有機會前來禮拜、瞻仰。

建設「佛陀紀念館」

佛陀舍利在臺北供奉期間，「行政院長」蕭萬長有心想在臺灣找一塊吉地，建設一座供奉佛陀舍利的紀念館。他提供了幾塊土地，但不是位在臺北縣的山區，就是鄰近海邊，後來我去看了濱海公路八十二公里處的一塊土地，原本以爲這裏背山面海，應該很適合，可是臺灣電力公司的總工程師高呈毅先生卻有不同的意見。高居士是佛光山的信徒，他對我直言說不可行，因爲那個地方面向海洋，強風直接吹來，再加上空氣中的濕度大、鹽分高，恐怕會腐蝕建築物，不適宜興建永久的紀念館，所以就放棄了那個地點。

為了找地方建設供奉佛陀舍利的紀念館，幾經周折，後來看中在佛光山隔壁的擎天神公司用地。擎天神公司的這一塊地，原先是由德國與奧地利人和臺灣省政府合股集資開炸藥公司。數年前，他們分股想要搬遷回國，就有許多人想來購買，但德國人和奧地利人他們覺得這塊地應該要賣給佛光山，就要我來買。但是在那個時候，我哪裏有那麼大的能力購買這一大塊土地？寺院的淨財來源，都是靠十方捐助，點點滴滴累積，纔能買地建設起來的。他們說沒有關係，我們會等你們來買。

後來，經由信徒張姚宏影、曹仲植、潘孝鋭等人極力地推薦，並且一同贊助出資；也因為佛陀舍利的因緣，很多信徒都發心出面幫忙，同時也覺得，「佛陀紀念館」建在佛光山的旁邊比較好照顧。到最後，靠著大家的力量，以一千萬一公頃，六十多公頃六億多元，成功買下佛光山隔壁擎天神公司六十公頃的廠房，作為「佛陀紀念館」的建築用地。因緣真是不可思議，就這樣，這塊地就屬佛陀舍利所有了。

本來我還認為，如果當時「行政院長」蕭萬長代表官方提供土地，我們也就可以省下購地的費用了，可惜沒有這樣的因緣。

土地底定之後，接下來就是有關工程建設的部分。

接著，我們在二〇〇三年元月舉辦安基典禮。當天有泰國代理僧王頌德帕布達勤那旺上座比丘、天主教單國璽樞機主教、國民黨副主席吳伯雄先生、「立法院長」王金平先生、高雄縣楊秋興縣長，以及各界人士約五萬多人參與觀禮。

最初的工程，是委托中興工程公司設計，用兩三年的時間繪製草圖，但全山的徒眾都覺得設計的樣式太過傳統，希望能再創新一點。後來，又請大元建設公司的建築師姚仁喜先生接辦，花了一兩年的時間，也是半途而廢；我們佛光山青年才俊成立的建設小組，大家也知難而退，不敢承擔這一個重責大任，最後又來詢問我，希望我能給予意見、規劃。

其實我不是設計師，也沒有學過建築，在不得已的情況下只好出面表示一點意見。就像早期建設佛光山，也沒有請建築師來設計，都是我用土法煉鋼的方法，一點一滴慢慢完成，而有現在的規模。承蒙大家喜愛，多年來也獲得不少國際人士的讚美。

關於「佛陀紀念館」的建築，起初我也想不出一個合適的樣子，大家提供的意見不是太傳統，就是太現代，莫衷一是。後來還是由我主持會議，就著現場的衛生紙盒、玻璃瓶及報紙等物品，把報紙攤開來，玻璃瓶排開，衛生紙盒為標示，指出哪裏怎麼建、哪裏作什麼用途，最後大眾一致通過，就是現在「佛陀紀念館」基本的樣式了。

整個建館的工程，從二〇〇三年開始，經過九年規劃，三年建設，最後在二〇一一年底落成啓用。在這段期間，光是外觀設計圖就畫了一百多張，最後由大成公司和日本的熊谷組建設組員來承包工程，完成這一個聖地的建築。

規劃期中，我曾說：誰能主持「佛陀紀念館」的建築工程？不執著己見，「無我」的人就可以擔任。後來是由佛光淨土文教基金會執行長滿舟法師、李光輝居士，以及佛光山文教基金會執行長如常法師共同負責。

那麼，「佛陀紀念館」整體的格局是怎麼來的呢？

最初我想到佛陀在世的時候，在印度恒河邊上傳道，在靈山會上說法，所以就依現有的地形規劃出「前有八塔，後有大佛，南有靈山，北有祇園」。期間，我又想到大家來「佛陀紀念館」巡禮，需要一個可以喝茶、吃飯、休息、集合的地方，所以又建了「禮敬大廳」，再加上雄偉的山門，並將佛光山通達「佛陀紀念館」的一條山路拓寬，名為「佛光大道」，和佛光山連成一體。

沿著山門一路直行，穿越「禮敬大廳」，兩側有風雨走廊，以及代表「八正道」的八座寶塔；通過二百四十米的「成佛大道」，就是供奉佛陀舍利的本館。如果車行從正門進來，也有環館道路，穿越「行門」、「解門」即繞館一周。

本館的面積占地四千坪，裏面除了供奉佛陀舍利的玉佛殿，還有供兩千人集會的大覺堂及觀音殿、金佛殿和八個展覽館。本館的上方四周，有四座仿造印度菩提迦耶正覺塔形式建設的「四諦塔」。這四座寶塔分別供奉：觀音、普賢、文殊、地藏四大菩薩，象徵中國的四大名山，佛法的四弘誓願、四聖諦。

本館前的菩提廣場，設有十八羅漢、八宗祖師；爲了合乎時代精神，我在十八羅漢當中，特別增加了三位女羅漢，這些人物即代表：佛法僧三寶具足、行解並重、宗派融和、男女平等。

此外，我也考量到，大家來到「佛陀紀念館」，需要一個可以照相的地方，所以在菩提廣場前方，我又設計一個長五十公尺、寬三十五公尺，共三十七階的「萬人照相臺」。三十七階，是取意佛法的「三十七道品」，爲修學菩薩道的基礎方向。爲了方便老人及行動不便者都可以輕鬆地在階梯上行走，我在建設之初，還親自上去走過每一道階梯。

本館的面積共四千坪，地下設有地宮四十八座，計畫用六年的時間，向全世界徵集當代文物，此後每一百年開啓一座，要四千八百年纔能全部開完。當一百年後第一批文物出土，會再放入新的文物，以後的每一座地宮都是一樣，這樣就可以讓文化傳承永續不息。

收入地宮的文物不一定是價值很高，重要的是不容易壞。以目前來說，第一批各方捐贈的文物，就有：臺北震旦行陳永泰先生捐贈的法門寺地宮文物、韓國通度寺贈送的佛陀金襴袈裟、泰國僧王贈送的金佛、泰皇贈送的佛陀十大弟子舍利等，還有各個朝代的錢幣、工藝品、生活用品等等。想到這些文物經過百千年後，能提供未來的人研究這個時代的生活、文化，那就很有意義了。

在本館的周邊，還有祇園、滴水坊及親子舞臺，沿途設有石桌、石椅、衛生間等公共設施，不管是散步、休憩、親子同樂、户外教學，都可以讓人悠遊其間。此後，還會有「生命的密碼」、靈山禪窟等建設，讓所有來到這裏的人，都能學習佛陀的慈悲智慧，將平安與幸福帶回家。

總之，「佛陀紀念館」的每一個建設規劃，都是以人的需要、教化的功能爲主。例如：從山門進來，不管是車行環館道路，或經由禮敬大廳、成佛大道，或循著風雨走廊、八塔到本館，都是無障礙空間。尤其我在環館道路上寫了「向前有路」四個字，意思是只要向前，循著遵循的方向，就會有路，也不容易迷路了。其實，如同我們待人接物，要積極進取，人我之間要能尊重包容，凡事清楚明白，必定人事平安，所到之處都能通行無阻。

「佛陀紀念館」的人與事

説過了「佛陀紀念館」的硬體建設，接下來要談談「佛陀紀念館」的人與事。

前面提過，這是集合衆人的心力共同成就的建設，除了「千家寺院·百萬人士」，期間還有很多特殊的人與事，也值得在此一說。如：

本館後方的佛光大佛，重達三百八十噸，連同基座共一〇八公尺，是在臺灣楊梅聖光雕塑公司莊隧附董事長、莊朝凱經理，以及負責大佛內部鋼構設計的傑聯國際工程顧問公司張敬禮董事領導的團隊，日夜趕工如期完成。

本館的玉佛殿裏，有福建泉州李慶國先生雕刻的東方琉璃世界、西方極樂世界彩色玉雕，廈門劉永生居士

問趙大深先生、戴玉琴女士、曾瑞蓮女士、翁駿德先生，以及由如常法師帶領的內裝工務人員如展法師、張宇凱先生、林中文先生等，義工王修善、郭榮泉、李宗益、毛景超等人的齊心努力，讓「佛陀紀念館」能在預定的期限內順利完成。尤其大成建設負責督察工程運作的傅再賢所長（今升任處長），每天在工地早到晚歸，心甘情願，無怨無悔，幾乎以「佛陀紀念館」爲家。聽徒眾告訴我，他經常一早就到佛光山大雄寶殿和法師們一起上殿做早課，結束之後馬上開始一天的工作。工程團隊看到主管這麼認真，自然也跟著盡心盡力了。

另外，還要感謝高雄縣楊秋興縣長，給予我們很多的助緣，讓「佛陀紀念館」在二〇〇三年元月舉行「安基典禮」後，同年五月通過「非都市土地暨山坡地開發建築審議」，准予開發。不久，又陸續讓我們通過「雜項併建築執照」等建築申請程序，因此得以從水土保持，到主體地上結構體工程的開工，先後順利完成各項工程。

二〇一〇年年底，高雄縣市合併之後，也感謝高雄市長陳菊女士的幫忙，讓我們在佛光山通往「佛陀紀念館」之間的「佛光大道」得以順利開通，方便來訪的客人往來兩地。

再有要感謝的，就是佛光山全體的僧信二眾，從工程啓建到落成啓用，期間好幾次動員大眾，共同出坡整理環境、種花、植草，以及活動期間的交通指揮、車輛接駁、知賓接待等等。

在「佛陀紀念館」即將落成之際，也承蒙天下遠見出版社的高希均先生，帶領諸多同仁，由潘煊小姐執筆，共同編撰出版《佛光山「佛陀紀念館」紀事·人間佛國》，引領大家認識「佛陀紀念館」，在此也一併感謝他們的發心與用心。

其實，從佛陀舍利迎回臺灣，到「佛陀紀念館」建成，前後歷經十餘年，此中有太多殊勝感人的因緣，由於篇幅的關係，就不一一敍述了。

「佛陀紀念館」於二〇一一年十二月二十五日落成啓用，如今已屆滿一年，不久前也突破千萬人次來館參訪的紀録。

記得半年前，有人興奮地告訴我：「前幾個月，和朋友們的話題最多的是：『你到過「佛陀紀念館」嗎』？可是最近又不同了，大家改問：『「佛陀紀念館」，你去過幾次了？』」甚至來到「佛陀紀念館」的人，不分男女老少，不分階級貧富，不分種族地域，不分宗教信仰，尤其神明、宮廟，以及神父、修女等宗教人士，也都來參訪禮拜，可見「佛陀紀念館」確實已經發揮它的威力了。

其實，佛陀並不需要人們禮拜供養，但是眾生需要藉由禮拜聖賢，啓發善念，淨化心靈，這也是我建設「佛陀紀念館」的本意。供奉佛陀的真身舍利，並不是要強調舍利的神妙，而是希望讓大家藉由禮拜，將自己的心化爲佛心。

此外，我也常說，「佛陀紀念館」是十方的，是大眾的，只要有人需要它，誰都可以來親近它。它是文化的、教育的，無論個人、家庭、學校、機關團體，誰都可以在這裏聚會聯誼，可以在這裏遊藝教學。

在此衷心祈願，所有來到「佛陀紀念館」的有緣人等，都能體會此間眾多的因緣成就，感受到世間的善緣美好。臺灣很小，但我們以「佛陀紀念館」做文化的窗口，希望讓世界看到臺灣，知道這是寶島臺灣！

雕刻的香木寶塔，觀音殿裏則有楊惠姍女士雕塑的千手觀音等，這些都將永久收藏在「佛陀紀念館」中，供人瞻禮。

菩提廣場上的十八羅漢，是雕刻家吳榮賜先生的作品。吳榮賜先生有「臺灣神雕」之稱，自我要求很高，爲了雕刻這十八尊羅漢，他特別到泉州挑選適合於「佛陀紀念館」的青斗石。在他的細心揣摩和熟練的刀法下，每尊羅漢的神韻、動作都栩栩如生。

風雨走廊兩側牆上的浮雕，有《佛陀行化圖》（施金輝繪）、《禪畫禪話》（高爾泰、蒲小雨夫婦繪）、《護生圖》（豐子愷繪），以及「禮敬大廳」前的獅子、大象家族，都是出自水泥雕塑藝術家葉先鳴先生之手。葉先生對自己的作品也是堅持完美，尤其水泥雕塑最困難之處，在於水泥乾得快，無法事先描繪，必須在很短的時間内做出半浮雕的立體效果，由此也可以看出他的功力。

此外，《禪畫禪話》、《護生圖》的彩繪，是藝術家陳明啓的作品，它與葉先鳴先生的浮雕相得益彰，讓每個來參觀的人看了都很喜歡。

還有全臺灣最大的梵鐘、大鼓，也是了不起的創作。梵鐘，是韓國聖鐘社元光植社長督造，花費十五個月的時間鑄造完成，高四点三四公尺、直徑二点五八公尺、重二十五点五噸，鐘面並刻有五千二百餘字的《金剛經》；大鼓，是由臺灣製鼓業首屈一指的响仁和鐘鼓廠第二代製鼓師王錫坤先生，以一年多的時間打造而成。鼓高九尺，鼓面採用特殊植物纖維，直徑七尺，鼓桶選用花梨木，突破傳統用牛皮製鼓的習慣，可以説具備了環保與慈悲的精神。

「佛陀紀念館」裏的一些重要建設，也有不少來自世界各地的信衆發心捐建，如：

「佛陀紀念館」山門，由羅李阿昭女士捐獻；本館大門，由菲律賓陳永年先生奉獻。八正道塔則分别有：

一教塔：蔡其瑞、黄淑滿捐建。

二衆塔：白清棟、陳玲琴捐建。

三好塔：賴維正、李美秀捐建。

四給塔：謝其昀捐建。

五和塔：戴正吳、高美娥捐建。

六度塔：郜鑠、郜淩雲捐建。

七誡塔：温三郎、陳麗真捐建。

八道塔：廖萬居、周粉捐建。

四聖諦塔分别有：

觀音塔：陳捷中、蔡蝴蝶捐建。

文殊塔：李忠義、楊玉瑛捐建。

普賢塔：葉清山、陳和順、戚品淑、陳玉蓮捐建。

地藏塔：陳振常、陳曾四欣捐建。

雙閣樓：由莊雅清等人捐建。

工程期間，承蒙臺北國際聯合建築師事務所的張國章建築師，太子建設開發股份有限公司莊南田董事長，大成工程股份有限公司張榮田董事長、陳長坤經理，翔聯企業股份有限公司林富商董事長、張文政協理、高泉崑經理，大元聯合建築師事務所姚仁喜創始人，十月設計總監陳瑞憲先生，中興工程顧問股份有限公司廖乾榮經理，建銘營造股份有限公司劉俊弘經理、薛憲治顧問，鎰贊不銹鋼有限公司吳淼宗先生等所領導的團隊，顧

佛光人祖庭大覺寺

「木有根，水有源」，每件事、每個人都有他的根頭源流；好比有許多人會修寫家譜，以此記載他們家族的傳承。儘管我也會想瞭解過去家族的情況，但由於我的先人沒有做過一官半職，也不是富貴之家，親族人口並不繁茂，因此沒有家譜，成爲我相當遺憾的事。

提起家族的傳承，就讓我想起父親李成保先生。從小，舉凡與家父有關的事情，我都想瞭解。據說父親出生二十八天後，我的祖父就去世了；少年時期，纔十四歲稚齡，祖母也離世往生。父親還有一位姐姐，只記得自己七八歲的時候，父母曾經帶我去探望她一次，現在也記不得姑母的樣子。一直到兩岸開放探親以後，纔知道我還有兩個表哥，也就是姑母的兒子，分別叫做徐必華、徐必榮，他們在上海市政府的單位裏做個小職員。

據說父親未結婚前，經營過香燭店，經常與寺廟來往，閒暇時，也樂於在寺廟當義工幫忙，因此燒得一手好吃的素菜，常被友人請去烹煮素菜，客串廚師一番。父親成家後，陸續經營醬園、成衣店，但都經營不善，相繼倒閉，爲了養家，只得外出工作。

我和父親相處的片段記憶，只恍惚停留在十歲之前，對於父親的年歲，也不十分清楚，只能由父母的生肖去推算；我母親屬虎，她在二十五歲時生下我，而父親屬鷄，由此可知，父親生下我時，已經三十歲了。

還記得他工作之餘，偶爾回家探望我們，由於久未見面，過度的想念，我一看見父親，不由分說地眼淚就掉了下來，怎樣也止不住。後來，他長期在南京經商就再也沒了音訊。直到十二歲，中日戰爭爆發，我陪著母親四處找尋他的下落，父親沒有找到，卻因他的庇蔭，讓我找到出家的因緣。

在佛門中，出家也有它的法系，我的法系和俗家一樣，也是非常單薄。

我是在南京棲霞山禮拜志開上人爲師，然而，棲霞山是十方叢林，不可以收徒納衆，還記得師父當時告訴我：「我們真正的祖庭是在江蘇宜興白塔山的大覺寺，你好好地參學讀書，總有一天會帶你回去禮拜祖庭。」

我不知道祖庭長什麼樣子，直到二十歲那一年，纔有機會回去禮祖。據資料顯示，大覺寺創建於南宋咸淳（一二六五—一二七四）年間，屬臨濟宗門下系統。民國初期，由於軍閥倥傯，各地的寺廟在苛捐雜稅、盜匪橫行之下，已經奄奄一息沒有生氣。不用說，那個時候的白塔山大覺寺，僅存前後兩殿、幾尊佛像、東西廂房外，再加上前面兩百多畝的農田及大小不一的池塘水洼，已空無一物，不具規模了。

師父志開上人帶我回大覺寺的時候，寺裏只有一位掛名的師兄今觀法師擔任住持，以及十多位工友。除了向佛像禮拜，沒有祖師堂，不見祖師的畫像，更沒有傳承的法卷。曾聽師父述說，有一次，土匪來寺搶劫，師公想躲到閣樓裏面，沒想到正爬在梯子上，土匪一進門，猛然一刀就把他的腿砍斷了。那時候年紀輕，聽到這樣悽慘遭遇的人，竟是與自己有法系因緣的師公，便不忍心再追問師公的事了。我對師公所有的認識，就僅是如此而已。

之後，再想知道有關大覺寺的歷史，由於師父早已回到南京，我也無處詢問，只有聽師兄告訴我，在大覺寺一百華里以外有幾座同宗同派的分支寺院，其中一間寺院裏還住有一位師叔公——覺道法師，他可以帶我前去探望。我還問師兄，能否把這位老人家請到大覺寺來供養？師兄當下同意。當時這位師叔公約有六七十歲，是一位非常慈祥的老人家，我依稀記得他的模樣。

師叔公具有出家人的道氣，但是他嗜好吃煙。雖然我對出家人吃煙深不以爲然，但想到法系中就只有這麼一位師叔公，覺得自己更應該孝敬他纔是，不能再對他有任何的不滿。因此，我也曾經到街上替他買旱煙，討他的歡喜。

當時，大覺寺仍有少數的信徒，他們都稱呼我「小當家」；我除了幫忙師兄早晚課誦、打供外，其他的時間就是到白塔小學教書，日子過得應該很平靜。可惜適逢國共內戰，白天是國民黨的軍隊調查，晚上是共産黨的遊擊隊盤問，在夾縫中求生存，可以說是驚險萬分。

一九三八年二月一日我在棲霞山剃度，那個時候師父志開上人正在棲霞山擔任監院，我大部分的時間也在外面參學，出家的歲月裏，家師曾在祖庭停留多長的時間不得而知，印象之中，應該也沒有超過三年。一九四七年我回到大覺寺，也住不到兩年。因此，我們師徒在大覺寺共同相處的時候，就只有他送我回大覺寺的那三五天時間而已。

那個時期，在嚴峻的師徒倫理關係中，我從不敢向師父提出問題，師父也忙於他的許多法務，不太會主動跟我講什麼。回憶我和師父二人相處的時間，加起來應該不會超過十個小時。

因此，對於祖庭大覺寺，很多的往事既無歷史的記載，也無長者的告知，在那個戰亂的年頭，就這麼匆匆忙忙過去了，若要我回憶大覺寺的往事，實在沒有辦法巨細靡遺地述說。

那段歲月中，唯一值得紀念的，就是辦了《怒濤》月刊，總共出版了十八期，但也是離開大覺寺後一年半的事情了。當時佛教中的權威雜誌《海潮音》還替我們刊了大幅的廣告，稱讚我們：「佛教又多了一支生力軍！」也因爲《怒濤》月刊的關係，南京蔭雲和尚力邀我和智勇法師一同管理南京華藏寺；甚至於日後到了臺灣，在舉目無親、無所依托的窘境下，由於《怒濤》月刊的緣故，而有寺廟道場願意讓我掛單，收留我，而那又是另一段的因緣了。

悠悠數十年，倏忽而過，一直到一九八九年，我在美國組團返回大陸探親，不禁提出希望回到出家祖庭宜興大覺寺的要求。大陸相關單位也非常友好，聽聞我的訴求，他們立刻聯絡並且轉達：「許多寺院都被拆毀了，你的祖庭雖然也受到損壞，不過，當初你在白塔小學教書的學生還有數十人仍然住在當地，可以安排時間和你見面，宜興政府的領導們也非常歡迎你回去看看。」

終於，在一九八九年四月中旬，我們一行人從南京乘車浩浩蕩蕩抵達宜興白塔山。寺廟是沒了，但當地政府領導幹部熱烈地歡迎我們。四十年前的學生，當年天真爛漫的兒童們，如今也都五六十歲，在飽受風霜的數十年後相見，除了名字依稀記得以外，過去的模樣已經不可復說了。

我的人生就是這樣的奇妙，俗家上一輩的人，除了對父親的記憶甚少，連母親竟都四十年沒有見過面；而對於出家後的祖庭，也只是住過短暫的一段時間。四十年後的重逢，哪堪回首？

往日的學生中，有一位陳水松和他的弟弟陳水根，從那次相聚後，就一直跟我通信、電話往來，希望我回去祖庭創業。他們所謂的創業，就是在祖庭從事一些社會的事業。其實，他們不知道我一生有個「非佛不做」的原則，雖然我辦教育，那是佛教的教育；我熱心文化，那是佛教的文化事業；我做慈善，包括養老育幼、急難救助等，都是由寺院常住來主辦。如今，祖庭已片瓦無存，只留有兩塊說明大覺寺建於南宋時期的石碑，其他的也都無法考據，我又能在當地做些什麼呢？所以，對於舊時的學生們一再地希望我回去興辦事業，我也沒有動心過。

後來，在二十一世紀初期，由於和江蘇省宗教事務局翁振進局長多次相見，彼此已非常熟悉，有一次，他跟我說：「星雲大師，你可以回來協助復興祖庭嗎？」我心裏像觸電一樣，相當驚訝，但仍然鎮定地問他：「我可以在白塔山下協助重建大覺寺嗎？」

翁局長毫不猶豫地回答：「可以！因爲現在的宗教政策與以往不同，對於原來已有的寺院，可以申請復興重建。假如過去沒有寺院，要重新建設就有困難。你既然已有祖庭大覺寺的因緣，當然可以協助復興重建。」

我一聽，把握機會提出疑問：「原來舊有的大覺寺已被拆除，哪有土地可以協助重建呢？」翁局長回答說：「這個問題你不用掛念，我們可以幫忙找尋適合重建的地方。」

有這樣的好事嗎？過去二三十年，我在全世界各地普偏建寺弘法，卻一直無法回到大陸協助復興祖庭重建大覺寺，這是多麼令人振奮的事啊！

正當我在考慮的時候，就先派遣弟子依照和一位就讀叢林學院的山西人士王瑩小姐，與相關單位聯繫、瞭解復興重建的事宜。他們回來後表示：「大陸寺院屬於社會國家所有，可以復興重建，但是建好以後，必須由宗教團體派遣住持。」

事情不是我想像中的容易，這樣的法令規定，我是沒有辦法接受。因爲一個寺院的祖庭，就好像是一個家族的祠堂，張家的祠堂不同於李家的祠堂，我的祖庭是臨濟宗的派下，大陸派了一個曹洞宗的人士來住持主管寺務，那就不是我的祖庭了。頓時之間，我感到協助復興祖庭的機緣還是沒有成熟啊！

大約就在這個時期，無錫靈山大佛的董事長吴國平先生告訴我：「我們靈山決定要供養你一棟房屋，你可以長住在這裏，不用這麼麻煩來協助重建大覺寺。」

這樣的好意，我也只能心領了。由於當初趙樸初居士特地撥空從北京南下跟我會面的因緣，而間接幫助了建設靈山大佛的契機，因此吴國平先生經常向人提及我是促成他們建設靈山大佛的重要關係人。感謝他的稱譽，但是我不敢這樣自居，靈山大佛的建造有它的因緣，而協助復興祖庭與長居在大陸，卻是完全不同的情況。爲了佛教、爲了法系，我可以發心奉獻；如果是爲了自己，那麼，如同佛門常說的：「天下叢林飯似山，鉢盂到處任君餐。」我哪裏不能居住呢？因此，就無需爲了自己的安樂而多此一舉了。

過後不久，我在美國弘法時，接獲宜興宗教事務局局長許偉英女士打來的電話，她懇切的聲音在話筒遙遠的那一端傳過來：「星雲大師，你趕快回來建寺院，我們都會護持你，其他的不是問題。」這讓我對於協助復興祖庭一事，又再次燃起希望。

之後，爲了重建祖庭這件事，宜興地方政府幾次召集當地領導們，在現前靠近祖庭所在位置邊上的横山水庫天水灣飯店召開相關會議，並且邀請我前往參加。過去，大陸相關單位對我多所顧忌，往來出入不是那麼容易，全仰仗中國佛教協會趙樸初會長的聲望，突破種種的困難，纔允許我在兩岸開放的最初十年，在諸多不便之下，能有兩三次的因緣回去探望母親。

到了現今，情勢有所不同，地方各界領導邀我參加建寺會議，爲了祖庭的復興、爲了佛教的弘揚，我不能推辭。所以，二〇〇四年，就在横山水庫招待所的會議上，承蒙地方最高領導者蔣洪亮市委書記跟我一口承擔地說：「我們地方四套班子，決定全力擁護你協助建寺的意願。」

當時，我對大家的護持表示感謝之意，也同時說明，對於大陸各地寺院雖然開放卻大賣門票的情況，我的祖庭不能跟進。我告訴他們：「因爲佛教和信徒之間的往來，不是商業關係，當然不能銀貨兩訖；在佛教裏有『添油香』的制度，自由樂捐跟收門票是不一樣的。」感謝這許多重要的領導們也都附和我的說法，並沒有提出異議。

會議中，横山水庫所在的西渚鎮黨委書記蔣德榮先生表示，附近有一塊土地，景色非常的優美，可以代替當初白塔山的舊址作爲重建用地，如果願意，同時能帶我去現場查看。就是這樣的因緣，進而找到了祖庭大覺寺的現址。

那塊山丘依山傍水，翠竹環繞，風景雖美，卻非常偏僻，左近都是荒地，沒有民居；不過，全部共有兩千餘畝，可以適當作建設規劃，十分的適意。時任國家宗教事務局葉小文局長、江蘇省副省長張連珍女士，以及

無錫地方領導、宜興佛教協會等均一致贊成。終於，在二〇〇四年五月，獲得宜興市政府批文，同意西渚鎮橫山村王飛嶺岕做爲重建大覺寺的佛教活動點。二〇〇五年六月，我派遣弟子慧倫、慧是前往負責協助籌建寺院事宜；同年十月，奠基動工。

在建設之初，對於大覺寺的期許，不一定只是協助復興祖庭的寺院，在我理想中，能把它建成一個現代公共活動場所，或者有個圖書館，開放給民衆可以相互交流、聯誼、閱讀、辦活動，能貢獻地方，留個紀念的意義就可以了。但是，想及宜興市政府劃給大覺寺的土地，如果沒有善加利用，會對不起他們的用心。因此又交代徒弟們興建一座觀音殿，之後再觀察時機，做爲第二期工程的規劃。

在此同時，觀音殿還在建設期中，有不少大陸青年跟我要求剃度出家，因此，大覺寺還沒建起來，寺中已經有了僧衆。

第一期工程結束後，慧倫、慧是完成階段性任務調派回本山，常住另外派遣對大陸相關政策法令多所瞭解的上海普門經舍住持妙士法師接任，繼續協助推動祖庭的第二期工程。

說到大陸的宗教政策，與臺灣及世界各地都不太相同。例如：第二期大雄寶殿的工程動土奠基之期，適逢臺灣有信徒數千人要前往靈山大佛參拜，藉著這樣的因緣，在這許多人到達參訪的時日，同時舉行奠基典禮。這樣的盛事，當然要邀請當地領導人、有關人員等出席共襄盛舉纔好。我想，這些年來他們和我結下的友誼，必定會前來參加吧！但是，到了動土日期的前夕，這個人來一通電話說，當天另有會議，實在不克前往；那一位領導也致歉說，當日很忙無法前來，要先到寺裏致意祝福。

我感到非常奇怪，這麼重要的事情，怎麼大家不約而同都無法來參加？難道我訂的日期有問題嗎？況且數個月之前，我已派遣佛光山的住持心培和尚至各個名山道場拜訪，送上請柬當面邀約。如果只有臺灣信徒來此奠基，當地人士都不願意來參加，少了皆大歡喜，那又有什麼意義呢？

後來我纔知道，原來在大陸的法令裏，所有的共產黨員都不可以參加任何宗教的儀式。他們顧慮觸犯黨的政策，又不好意思事前告訴我，只有方便聲稱他有事、沒有時間參加。不過，典禮當天，還是感謝時任宜興市宗教事務局局長宗翡，以及前任局長許偉英這兩位女性主管官員的蒞臨，表達了他們對大覺寺的護持。

大陸的宗教政策中和國際間有所謂的「四不政策」，基於這樣的政策，沒有境外人士能夠在大陸建設寺院。而佛法講究因緣和合，萬事皆需因緣具備，就算是爲了協助復興祖庭，也需待因緣成就。

我感到協助建設祖庭的過程中，各方因緣甚好。從國家宗教事務局、省宗教事務局、縣市各單位部門宗教事務局，都給我們熱心的支持；甚至一些領導們，如：曾經多次見面的原全國政協主席李瑞環先生，到現任政協主席賈慶林先生；前任國臺辦主任陳雲林先生，到現任國臺辦主任王毅先生；前任國家宗教事務局葉小文局長，到現任王作安局長；江蘇省宗教事務局翁振進局長、無錫政協主席貢培興先生、宜興政府四套班子等等，都是傾全力護持大覺寺。特別是江蘇省政協主席張連珍女士，在她擔任政協主席前，還是江蘇省省委副書記時，已經給了我們極大的助緣。

我綜觀這許多往來的大陸領導們，他們年輕幹練、積極熱情。多年來，我想請他們喝杯茶水、吃頓素齋，他們也都婉謝，我只能簡單地以一碗麵來聊表謝意。我感覺到，大陸的佛教，還是需要有這樣一班子的領導人來深入民心，服務天下，纔有發展的希望。

雖然有上述領導的支持，但是依照大陸宗教政策的規定，距離寺院正式取得登記的過程還是很遙遠。首先准許批示爲宗教活動點，但是規定大覺寺只是個「活動點」，就好比是一座涼亭，雖有建築但卻沒有牆壁，不能成爲居住的房子；這就表示你可以在大覺寺活動，但不是寺廟，沒有戶口。最初，我甚至連要申請取得「宗

教活動點」幾乎都很困難，爲什麼？因爲主事者質疑說：「你没有殿堂，怎麼能作爲宗教活動點呢？」

爲此，我加緊趕工興建觀音殿，領取「宗教活動點」證明。即便如此，但還是無法獲得「寺廟登記證」。爲什麼？我不是有一個殿堂了嗎？原來，在大陸寺廟登記的條件，必須要有大雄寶殿、藏經樓、天王殿等基礎建設，當然，後來我也都一一完成。承蒙葉小文、張連珍、齊曉飛等多人接二連三的協助，纔得以完成寺廟登記的手續申請，終於在二〇〇九年三月，由宜興市宗教事務局發放「宜興市大覺寺」的寺院登記證「宗場證字（蘇）F02015029號」給我們，至此，宜興大覺寺總算完成登記，正式成爲「寺廟」了。

協助建設祖庭的過程中，時任國民黨主席的吳伯雄居士，也讓我獲得諸多助緣。二〇〇八年，我前往訪問全國政協主席賈慶林先生的時候，提及國民黨主席吳伯雄是佛光山的信徒總代表，並且說：「你們可以邀請他來大陸訪問。」

賈慶林先生表示歡迎。回到臺灣之後，我把這個話轉達給吳伯雄居士。没多久，就聽聞他安排到大陸訪問，並且特别提出行程中要到大覺寺禮祖。

爲了吳伯雄主席訪問佛光山的祖庭宜興大覺寺，大陸認爲這是一件非常重大的事情。記得當時，相關單位在最短的時間裏打通了幾條大覺寺的連外道路，沿路栽種了上百萬株的花草，並且給予大覺寺許多的方便，加快許多工程建設上的速度，可見政治關係的因緣是多麼重要。

吳伯雄主席訪問大覺寺的時候，率領時任國民黨秘書長吳敦義、副主席關中、文傳會主委李建榮等人一同前來。由此，大覺寺的聲望更上層樓，也受到大陸各界重視。甚至於每到假日，從四面八方前來的參訪者，絡繹於途。

而在大覺寺即將申請寺廟登記時，我也曾考慮不要從臺灣派遣弟子前去住持，免得大陸方面顧忌。大陸若真要對臺灣好，就應該把臺灣當作手足兄弟；同樣的，臺灣也不需把大陸視爲「境外」。倘若大陸與臺灣兩者能相互交流往來，那麼，彼此間會更加瞭解、更加融和。

慶幸的是，我在大陸還有法系弟子。其中，南京棲霞山寺住持，也是南京市佛教協會會長的隆相和尚，能力卓越，是優秀的出家人領導之一，我便請他擔任大覺寺住持，妙士法師則擔任寺院都監。

妙士法師，從三歲開始，就跟隨姑母圓照法師住在寺院裏。等到她高中畢業後，進入佛光山叢林學院讀書，因緣成熟，十九歲便剃度出家。之後，陸續擔任佛光會「中華總會」副秘書長、永和學舍住持。

妙士法師具有語言的天分，好比她是湖南衡陽人，無論是湖南、上海、北京，不用幾天，當地語言就可以朗朗上口。因爲她有這樣的能力，後來常住便派她到美國西來大學研修，取得學位後，便調往大陸弘法，一直到二〇〇八年，纔到大覺寺擔任監寺，負責協助祖庭重建的工作。

妙士法師調往大覺寺没多久，當地政府就流傳一則政治玩笑，話説有一位統戰部長向市委書記報告：「大覺寺妙士法師非常能幹，在地方上建設大覺寺，對當地很有貢獻，我們是不是要給她一個職稱地位？」市委書記就開玩笑回應這位統戰部長：「那很好，你就叫她做統戰部長好了！」雖然只是一個玩笑，這也表示當地政府相當肯定妙士法師的發心及能力。

還有一次，妙士法師在揚州鑒真圖書館接待江澤民主席，他看到這麼一位年輕比丘尼選擇出家弘法，當然很好奇，便問：「你爲什麼出家？」

妙士法師回答說：「主席，你選擇改變中國，我選擇改變自己。」

當時，美國有一位庫恩博士正出版一本書叫：《他改變了中國：江澤民傳》，妙士法師講出這麼一句話來，正合江主席的心意，聽說主席非常欣賞她的回答，原來預定二十分鐘的行程，相談甚歡地跟她談論起佛法達一

小時之久。

而這一座鑒真圖書館，就位於揚州市中心，唐朝鑒真大師弘法駐錫的大明寺旁邊，是建設大覺寺之前在揚州所捐建的。感謝當時的市長王燕文女士給予我們這一塊約有一百三十畝之廣的土地，讓我能爲故鄉的文化、教育服務奉獻。我們也邀請了原江蘇宗教事務局局長翁振進先生擔任首任館長，接著又由南京大學的賴永海教授繼任館長。

最初，佛光山派遣慈惠法師負責建造鑒真圖書館，歷經五年時間，在二〇〇八年落成了，並在元旦舉行鑒真佛光緣美術館開館剪綵及「揚州講壇」開壇儀式。「揚州講壇」是每個月舉辦兩次的文化講座，邀請名家前來宣講，如：余秋雨、錢文忠、于丹、易中天、二月河、唐家璇、李肇星、高希均、余光中、柴松林等兩岸知名人士，至今已邁入第六年，從未中斷。不但獲得聽衆熱烈回響和各界讚許如潮，各家報紙還曾論評：「北有中央電視臺『百家講壇』，南有鑒真圖書館『揚州講壇』，南北相輝映」、「南北兩講壇，共同提升普羅大衆的文化氛圍」等美譽。身爲中國人的我聽聞這些讚譽，也不敢居功，只是對生長的故鄉，聊盡一點綿薄之力罷了。

此外，爲了對分散四十年的母親表示一點心意，在開放大陸探親初期，也就是大約一九八七年左右，我在南京購置了一棟房舍供給母親居住，名爲「雨花精舍」。二〇〇九年時，因爲老舊而重建，現在成爲佛光山在南京的一個文化服務站。

臺灣與大陸來往最早的交通航班只到上海，所以我們在上海也成立了「普門經舍」。當時各地人士，紛紛希望海外華人回到大陸去發展，雖然有不少地方領導邀我前去，但念及佛光山在大陸的出家衆爲數不多，實在心有餘而力不足；加上佛光山在全世界的兩三百個寺院道場，我都還無法一一顧及關心，因而婉謝了他們的好意。後來，爲了保存地方的文化古跡，勉力接受一座已有數百年歷史的「蘇州嘉應會館」，並且把它改爲美術館，成爲佛光山在大陸設立的第一間美術館。甚至，我們也接受原無錫市委的美意，在無錫設立一間「滴水坊」。

宜興大覺寺，施工以來至今已七年有餘，交通愈來愈方便，由南京機場接寧杭高速，在徐舍（原鯨塘）交流道下，經「雲湖路」就可以抵達。

在進入大覺寺前，可以看到一排十二頭的石獅子，各現英姿，列隊歡迎你；後面是兩棵十餘公尺高的銀杏樹搖曳生姿列隊歡迎你；進入山門後，就是寬六十八公尺的公園式山門大道。右邊是十八羅漢園，左邊有長達兩百餘公尺的佛陀行化圖石刻；中間由三條道路、三塊綠地組成，青青翠竹環山圍繞，行走其中，會讓人感到叢林的幽靜。

從山門大道步行二百六十公尺後到達「三摩地」，有茶屋一座，石桌數個，參拜者可以在這裏稍作休息。之後向左前行就是觀音殿，可以容數百人禮拜。觀音殿下方設有朝山會館，分東西二館，提供信衆百餘人掛單。觀音殿前面蓮花池有江南觀景亭五座，池內栽有蓮花，如果時間適當，蓮藕芬芳，花香宜人，也是特別的一景。

由「三摩地」右轉直上四百公尺，就是大雄寶殿了。兩旁有東西長廊，中爲三十公尺寬的成佛大道，供朝山者從山門大道集團朝山而上。經過成佛大道上菩提廣場，可以容納數萬人。大雄寶殿居中，雄峙左右的是東禪樓、西淨樓。

大雄寶殿，高十七公尺，長五十五公尺，寬二十四公尺，可容千人以上；中間供奉緬甸白玉佛陀聖像一尊，兩旁有彩色玉雕，分別是東方琉璃世界、西方極樂世界，同時有兩座香木寶塔峙立兩旁，是目前國內最高的室內木塔。周圍三面牆壁，嵌有萬尊小型玉佛。我還做了一首詩偈形容：

一佛二塔兩世界，三面白玉世間解；

萬千僧信修福慧，五洲七衆十方來。

大雄寶殿外牆有古德詩偈、佛陀度化因緣及豐子愷護生畫集石刻。東禪樓除了客堂、辦公室之外，有講經堂、美術館、禪堂等。大殿左邊是西浄樓，設有國際會議廳、談話室、廚房、餐廳等。

大雄寶殿下方有東、西、南、北廣場和中央廣場，在這裏可以舉辦各種活動，如畫展、博覽會等，最爲相宜。

建設期間，承蒙各工程設計團隊如：臺灣聯發興石業有限公司及漳平市國珍玉雕藝術品有限公司的李慶國董事長、廣東大方廣藝術長廊的謝徑强藝術總監、泉州東藝雕刻有限公司的吴泰虹工藝美術師、泉州東藝雕刻有限公司的吴敏達高級工藝美術師、緑軒景觀工程有限公司的黄淳賀設計總監、臺灣民俗藝術畫師陳明啓等人的用心參與，讓大覺寺的建設得以順利進行。

二〇一二年四月，第一次由江蘇宜興市人民政府主辦、佛光祖庭大覺寺協辦的「二〇一二兩岸素食文化暨緑色生活名品博覽會」，就是在這裏舉行。素食推動環保，讓地球節能減碳，兼具長養慈悲護生的功德，五天竟然湧進二十萬人潮，良好的秩序、零公安事故，獲得媒體的好評，宜興市委書記王中蘇先生也給予我們肯定，還相約隔年同一時間再度舉辦。

現在進行中的建設，還有十五層高的香林多寶白塔一座，目前已進行至第十層了，完成後可作爲社會信衆喜慶活動之用。

由於大覺寺地處宜興太湖之濱，西側並有一座受國家級保護的「横山水庫」。横山水庫的主任陳國强先生對我們非常友好，給我們很多協助，後來當地感於我們帶動了地方，還將水庫鐵門的鑰匙交給我們保管，以便帶信徒欣賞水庫風光。當地政府跟我協商，表示要把這數萬畝的水庫，以我的法名更改爲「星雲湖」。我覺得這不太妥當，因爲我協助復興祖庭的用意並不是爲了自己，也不是爲了揚名立萬；但也爲了不逆蔣洪亮市委書

記等領導們的一片好意，便以「西湖」、「太湖」取一字爲例，建議把它命名爲「雲湖」。

當地政府領導們也都認同接受，「雲湖」便從此定名。我還特地寫下一首《雲湖之歌》做紀念，並且邀請知名音樂人劉家昌先生譜曲，藉以傳唱這一段美好的因緣。歌詞如下：

山明水秀，煙雨朦朧，
宜興的雲湖在羣山之中；
向東是百里洋場的上海，
向西是六朝繁華的金陵。
南有杭城，北有揚州，
要與宜興的陶都媲美，
要與宜興的竹海爭勝。
是人文薈萃的地方，
是萬種生靈的天堂。
湖邊鳥語花香，
水面波光蕩漾，
四季景色不同，
坡地茶園飄香。
遊湖的人兒，
可增加靈氣吉祥；

請聽，大覺寺傳來的鐘聲，
人間是非俱忘；
請看，夕陽下的晚霞，
世事煩擾盡散。
山明水秀，煙雨朦朧，
宜興的雲湖在羣山之中。

有了「雲湖」，附近紛紛建起雲湖飯店、雲湖賓館、雲湖廣場等；地方政府也大力配合大覺寺的建設，把大覺寺十公里路之內定爲開發特區，設置許多公共設施，例如開闢雲湖大道、陽羨茶博物館、湖邊公園等等，利益衆多民衆，並且不收取門票。

五年中，大覺寺陸續開辦多期培訓班，當中許多優秀青年先後發心跟隨我出家，加入弘法的行列。像留學澳洲的同濟醫科大學妙海、佛光大學佛教學碩士的妙憫，在瑞士學習金融管理的有岸、東北師範大學的如清、吉林省稅務學校的有純、吉林省經管學院的有如、在山東菏澤就讀外國語大學的有勤，以及內蒙古大學畢業的知一等等，大家同心齊力，利生度衆。

協助復興祖庭的初期，感謝佛教界許多大德道友的支持，像中國佛教協會會長趙樸初居士、無錫祥符禪寺無相老和尚、常州天寧寺的松純老和尚、揚州高旻寺德林老和尚、廣州弘法寺本煥長老、北京法源寺一誠長老、鎮江金山寺心澄法師、南京棲霞山隆相法師、山東湛山寺明哲法師、蘇州寒山寺性空法師、蘇州靈巖山明學法師、南京雞鳴寺蓮華法師、上海龍華寺明暘法師、上海玉佛寺真禪法師等等。

政府單位裏給予助緣的，除了前述的領導們，還有宜興前市委書記史祖能、宜興市前市委書記蔣洪亮、現任市委書記王中蘇、宜興市政協副主席莫克明、宜興前市長吳楓峰、西渚鎮黨委書記蔣德榮、副書記錢靖女士、雲湖辦主任金新華、宜興佛教協會宏仁法師、靈山大佛的吳國平居士等，他們都給予我們許多的緣分。還有功德主如賴維正、李美秀、趙元修、趙辜懷箴、羅李阿昭、劉招明、陳秋琴、劉宗澧、賴義明、李陳月華、理羣法師、何玉玲、陳和順、何曉萍、劉勤、戈宏琛、仇雪琴、曾中良、沈穎、范曉利、陳嬋、沈愛君、何寶枝、沈振蘭等人的發心護持，尤其香港的胡楊新慧女士，熱心佛教文化，特別捐贈宋代的佛畫莊嚴道場，現在陳列於寺裏附設的美術館，供大衆欣賞瞻禮。

其他也有企業家如：中兆國際稅務師張秋月、華亞化纖鄭旭東、遠東集團蔣錫培、吉田國際投資有限公司吳吉田、上海成信集團盧文椿、武紅、荷蘭保險公司中國首席代表楊麗君、河南天瑞集團李留法、浙江橫店集團王執明、上海頑皮家族游榮文、江碧秀伉儷、上海半島酒店王偉賢、宜興盛道茶行王道坤、華芸亞麻公司徐小華等人的發心參與，因爲大衆的護持，讓我能爲復興佛教盡一己之力。佛經說：「一佛出世，千佛護持。」一座大覺寺的興建，正是萬方護持，真在功不唐捐。

也常有人關心，我爲什麼要在大陸建設道場？

其實，這有多種因緣，好比大陸希望促進兩岸交流，宜興政府希望繁榮地方，我則心心念念回饋自己出家的祖庭。

特別是想到我這一生走偏世界五大洲，對於自己的故鄉，尤其面對十四億同文同種的同胞，假如我不給他們一點幫助，增進他們的信心力量，讓他們在精神方面更爲充實，獲得幸福人生，那我真是覺得內心有愧了。只得效法古聖先賢之心，爲了佛教，爲了利生，不自量力地推動「人間佛教」，希望有助於社會秩序的建設、人心的淨化、自我道德的成長。如果能進一步促進大陸、臺灣佛教的融和、交流，那就更具歷史意義了！

我與香港佛教的法緣

香港位於臺灣與大陸之間，和大陸最爲靠近，自從一八四二年割讓給英國，直到一九九七年回歸，百餘年間香港發展成爲今日的「東方明珠」，被譽爲「購物天堂」，曾與臺灣、新加坡、韓國並列爲「亞洲四小龍」。

香港和臺灣相距也很近，搭飛機只要一小時的航程，總人口七百萬當中，百分之九十以上都是中國人。在一九三七年中日戰爭時，許多人逃難避居到香港；一九四五年國共内戰開始後，尤其到了一九四九年間，更有不少大陸民衆紛紛湧向香港，香港因此成爲國際間一個很奇妙的地方。

我在一九六三年第一次訪問香港，深深瞭解到香港這個地方與佛教的關係因緣可真不小，現在我們唱的《僧寶讚》，裏面有一句「浮杯渡海刹那時」，講的就是杯渡禪師乘木杯渡海到屯門山的故事，可見佛教傳播到香港的年代很早。

屯門山就是現在的青山，爲了紀念杯渡禪師，後來就在這裏建了一座青山寺，這也是香港最古老的佛寺。由於青山只是一個小漁村，雖然建有寺院道場，平時大概也只能做做經懺佛事，並沒有發展什麼弘法活動或社會福利事業。不過這些都是久遠以前的事了，我們現在暫且不談，只談談近百年來的香港佛教。

香港佛教早在八十年前，也就是一九三〇年之前，只有一些香花和尚，他們平時只是爲人做做經懺佛事，可以説並没有什麼佛法可言；直到一九三〇年前後，棲霞山的若舜老和尚，以及泰州的靄亭長老，他們到香港弘法，從此香港的佛教便開始動了起來。

若舜長老繼宗仰上人之後，爲了棲霞山的建設到香港募捐，得到東蓮覺苑蓮覺居士的支持，後來在香港九龍塘還建了鹿野苑道場，成爲棲霞山的下院。靄亭法師是泰州人，他善説法要，有了他們駐錫弘法，一時香港佛教就不再只是從事經懺佛事，而是能夠真正發揮弘法利生的度衆功能了。尤其在抗戰期間，對於逃難的軍民給予救濟、幫助，功不可没；若説香港佛教對抗日有很大的貢獻，一點也不爲過。

中日戰爭之後，國共内戰，之後人事往來就複雜多了。先是一些國民黨的幹部借道香港奔逃到臺灣，後來不能到臺灣的人在香港就成了「自由民主人士」，一些比較普通的軍民，則投身在調景嶺的難民營裏。

我在一九四九年到了臺灣，因爲人生地不熟，一時没有辦法居留，就寫信到香港棲霞山的下院鹿野苑求援。據説在香港的棲霞山同門接信後，也很慷慨地表示説：「我們能到香港來，不能不感謝棲霞山住持志開上人的成就，現在他僅有的一個弟子落難在臺灣，我們照理應該出面幫助他到香港。」

於是大家共同籌措了三百元港幣，托人帶到臺灣，要讓我當路費到香港去。但不幸我那時已被國民黨逮捕，關在桃園的拘留所，與一百多個出家人一起等待最後的宣判。

後來，所幸經過一些佛教護法大力奔走，總算把我們救了出來。可是這時從香港帶錢來的人，因爲没能聯絡到我而回香港去了。就這樣，我在臺灣盤桓了一些時日後，獲得吴伯雄先生的尊翁吴鴻麟老先生幫我報户口，如此在臺灣有了居住的身份，也就從此打消去香港的念頭了。

直到一九六三年，我有機會代表「中國佛教會」訪問香港，這時當然非常高興能夠趁此機會去看看香港這個久已聞名的地方，我除了想要瞭解這裏的佛教概況，尤其急於到東蓮覺苑和鹿野苑去看看，因爲這裏是當初師祖、得戒和尚他們弘法的道場。

我在香港訪問七天，最是感謝覺光法師給予我的接待，他是香港佛教聯合會會長，承他好意安排我掛單在他的正覺蓮社，雖然因爲行程很緊，我們不能多所深談，但他的殷殷厚意，令我感動不已。

七天的行程裏，我們分別訪問了醫院、學校、老人院、圖書館等，我覺得香港佛教的社會事業做得非常成

功，不禁想到，中國佛教如果也能照這樣發展，不是很有前途，很爲社會尊重嗎？

說到香港佛教，我把他分成幾個時期，第一就是最早由廣東來了一些香花和尚，他們只從事經懺佛事的時期；第二就是江蘇長老若舜老和尚、靄亭法師、明暢和尚他們在香港弘法時期；第三個時期就是國共內戰，大陸僧侶齊來香港的羣僧聚會時期了。

國共內戰後到香港的法師，如太滄（金山寺方丈）、證蓮（常州天寧寺的退居老和尚）、印順（佛教的論師、學者）等。其他還有年輕一代的，如演培、海仁、仁俊、月基、佛聲等，他們也在急急忙忙地找尋各自的出路，所以這下子香港的佛教可就熱鬧無比了。

不過經過了一段時日的發展，到了後來江蘇佛教因爲僧信等没有把自身的崗位站好而流入世俗，所以香港佛教一下子就由江蘇僧人領導而到東北大德來此坐鎮了。當時在香港享有很高名氣聲望的「東北三老」，即：倓虛、樂果、筏可，他們的弟子如覺光、洗塵、永惺、大光、聖懷、宏量、應成、融靈等，也都紛紛到香港弘法，所以香港佛教一下子就改由東北大德來主持了。

東北的佛教其時雖然在香港掌握了主流的弘法地位，但事實上香港佛教還是有很大的發展空間，如信徒的服務，如文化的推動，如經教的宣揚等。尤其當時嚴寬祜居士成立了「香港佛經流通處」，他先後刊印了一百多種的佛經，流通量超過一百萬冊以上；甚至爲了佛經的流傳，他把部分佛經寄放在美國沈家禎博士任教的哥倫比亞大學宗教系圖書館，以及莊嚴寺的圖書館裏。後來他自己也到美國興建玉佛寺，成立德州佛教會，開辦菩提學院中文學校等。

我和嚴居士一直都有密切往來，他曾擔任國際佛光會副總會長，後來也和佛光會合作，在大陸各地興建希望小學及醫院等。我覺得一位居士能夠不惜一切，把自己的資產全部投注在佛教文化的發揚，以及教育、慈善事業的推展上，真是古今少有。

另外，當時元果法師也辦了一份《香港佛教》月刊，不斷把香港佛教的訊息對外傳播，是一份相當具有影響力的刊物，也讓香港島平添一支文化生力軍。

不過這時香港的發展迅速，人口已經超過六百萬以上，尤其基督教也在香港積極宣揚、建設，並且凌駕於佛教之上。這時我想，自己應該到香港去盡一份心，於是就經由當時在佛光山讀書的學生文瑜和瑞姍介紹，在九龍的地方找到一個小房子，派依如法師前往，這就是佛光山在香港弘法的第一個據點——佛香精舍。

但是這時香港佛教已經成爲東北法師的天下了，依如法師以一個臺灣來的比丘尼身份，忽然到了這裏，坦白說也難以在他們當中立足。好在依如法師很低調地在佛香精舍的小房子裏，整整住了十年，周旋在各長老法師之中，慢慢地也獲得他們認同，後來也給她一個香港佛教協會理事的名義。

依如法師是在一九八三年到香港，直到一九八七年，有一位「法住學會」的霍韜晦居士，他出版了一本《法住》月刊，要我爲他寫文章。他是香港人，一向没有什麼往來，但他邀請我到「法住學會」去講《般若心經》，我也欣然應允。

他的地方不大，只能容納兩三百人，但是有了這次的因緣，後來就有信徒出面，邀我到油麻地梁顯利社區服務中心去講演，接著又轉往沙田大會堂，這裏的場地比較大，能容納一千多人。

我在沙田大會堂講了二年，香港的佛教人士熱心聞法，二年後，也就是一九九一年，這時有一個很好的因緣，就是李小龍的女友丁珮小姐，她是香港的名藝人，有一天她跟我說：「既然香港有那麼多人喜歡聽經聞法，大師你爲何不到香港紅磡體育館去講呢？」

當時我聽了就順勢跟她說：「丁小姐，妳好熱心！既然妳有心，那麼何不就由妳來負責策畫？如果妳出面

安排，我願意到香港紅磡體育館去講。不過我有一個條件，如果我到紅磡去講，希望講演的第一天能請到香港佛教協會會長覺光法師，以及副會長永惺法師來致詞。」

丁小姐很爽快地回答說：「這個沒問題！」事情發展到這裏，我當然也就只有隨緣，於是這樣開始了我在香港紅磡體育館的講演。這一講直到二〇〇六年，整整二十年不曾間斷，每年都有三天或五天的講座。每次講座方式，有時候是整場從頭到尾都由我主講，有時也會找香港的社會名士或佛教信徒來串場講說，如香港理工大學潘宗光校長、香港大學李焯芬副校長，以及何顯貴律師、翁裕雄醫師等，都曾參與法佈施。

曾經我也把佛光山人間音緣及梵唄讚頌團帶去，以梵唄、歌唱弘法，甚至也邀請香港佛教的青年法師，如願炯法師就曾參加過唱頌弘法。另外還有香港的一些廣東歌手、演藝人員，如冉肖玲、鄺美雲、曾志偉、黃耀光、陳曉東等，也都曾經做過一些表演，甚至香港四大天王之一的郭富城，都曾參與講座演唱佛歌。

香港紅磡體育館是香港一所綜合性室內多用途表演場，二〇〇九年香港主辦第五屆東亞運動會時，這裏就是賽場之一。另外，由於紅館是香港室內場地座位最多，也是少數可以開設四面看臺的場地，最多可達數萬席，因此許多藝人都希望在此開演唱會，並且以此爲榮。

但是香港的信徒告訴我，在我之前，不曾有法師在這裏舉辦過講座，所以他們說我是唯一在香港紅磡體育館舉辦佛經講座的出家人。其實我不覺得這有什麼了不起，反而讓我感動的是，香港信眾信仰佛教的教性很強，聞法的態度很積極懇切。香港人通常移民到一個地方，都是先問哪裏可以拜佛，再問如何賺錢，可見他們的信仰之虔誠、懇切。

尤其當他們聽聞佛法回家後，當晚馬上把法喜分享給全世界的親朋好友，因此一年一度的紅館佛經講座纔舉辦過幾年，就被香港信眾乃至一般社會大眾視爲年度盛事，許多移民外地的民眾，每年必定從世界各地回到香港來聽經，甚至後來隨著內地對到香港旅遊的開放，更有來自各地的民眾專程到香港聽經，參加皈依受戒。

由於聽講的羣眾一年比一年多，已經遠遠超過香港紅磡體育館所能容納的兩萬人，所以後來不得已只好賣門票，每張入場券票二十元港幣，希望藉此「以價制量」。不過事實上，在香港紅磡體育館舉辦講座，每次開支浩大，確實也需要一些補助，所以後來慢慢成爲慣例，每年大家也都很樂意主動地早早預約訂票，如此一來主辦單位也可以掌握人數，預估座位。

就這樣，隨著紅館講演一年接著一年舉辦，佛光山在香港道場的信徒也不斷增加，於是從一九八三年最早位於亞皆老街的「佛香精舍」，發展到一九九一年在窩打老道買了一個比較大的佛堂，定名「佛香講堂」。沒想到，相關的弘法活動，一年比一年熱絡，每天都有一兩千人以上在那小小的講堂進出；有時，信徒爲了參加法會在窩打老道排隊，經常排了一二公里之長，良好的秩序，連警察都讚嘆。

一直到二〇一〇年，基於實際的需要，也感謝香港政府給予方便，又於九龍灣宏光道億京中心設立香港佛光道場。這一路走來，總算臺灣的佛教也能在香港躋身一角，加入香港佛教的弘法行列。

目前香港佛光道場仍以弘法以及從事文化傳播爲主，並有社教、公益、慈善活動等。在這個典型的都市型弘法道場裏，設有大殿、美術館、滴水坊、會議室、圖書館、錄音室、兒童室、教室、禪堂、齋堂等，是一所兼具教育、文化、信仰、修行及聯誼、休閒等多功能的道場。我們的目的，只是希望道場的設立，可以讓身處經濟高度發展、生活步調緊湊的香港大眾，能夠找到一個身心安頓的地方。

在香港的弘法，歷任住持有慈惠、依如、永妙、滿蓮等。現任的滿蓮法師，在香港服務將近二十年，在她的領導下，從佛香講堂到佛光道場，除了例行的念佛共修及年度法會之外，在文教方面辦有都市佛學院、兒童班、青年團、婦女法座會、義工培訓等多元化佛學課程；二〇〇九年更成立「數位網路電臺」，希望透過現代

科技，擴大弘法的範圍與功能。

另外，爲了走出寺院，展開社會教化，成立「人間佛教讀書會」，每個月並應香港、澳門及深圳等地信徒之請，前往舉辦「美化人生佛學講座」，前後已達二十年之久。二十年來，每逢佛誕節公共節日，更於香港維多利亞公園舉辦「佛誕嘉年華」，每次都吸引衆多社會人士參與浴佛淨心，據説這十年來參與的人數更超過十萬人以上。

除此，二〇〇五年開始舉辦的「佛光親子運動會」，每年在體育館或體育場舉辦，每次都有千餘個家庭參與，甚至香港社會福利署還特別指派屬下的綜合家庭成員參加。

近年來爲了推廣環保，他們除了編印手册，大力宣導使用環保碗筷外，還舉辦環保系列講座、環保DIY，並於大嶼山種植一萬棵樹，以及舉辦淨灘活動等，這些活動也獲得了社會的認同與大力響應。

尤其讓人津津樂道的是，二〇〇四年三月十八日，在香港文化中心大劇院舉辦「海峽兩岸佛教音樂展演」，聚集大陸及臺灣兩地法師同臺演出，不但轟動一時，也寫下了大陸、臺灣與香港宗教交流史上的新頁。

另外，爲了推展社會慈善救濟，特别成立慈善委員會，負責推行發展、贈醫施藥等社會福利工作。尤其自從一九九一年香港佛光協會成立，由慈惠法師擔任首任會長之後，在歷任會長林耀明、吳其鴻、陳漢斌、鄺美雲等人的帶動下，與道場一起合作，除了撫孤恤貧，乃至濟助越南船民等慈善救濟之外，他們也到監獄佈教，像石壁監獄、芝麻灣懲教所、東頭懲教所、甚至重刑犯的赤柱監獄，都可以看見佛光人經常前往關心受刑人的身影。

尤其，對社會的老病貧苦，更展開全面的關懷服務，例如：每星期都有義工到醫院關懷病者，以及以電話關懷長者，甚至親自上門探訪等。遇有特殊節日，也會主動送上温暖，如臘八送粥傳暖意、端午節送粽子、中

秋節送月餅、年底爲老人中心會員舉辦圍爐，以及九九重陽節敬老活動等。

由於佛香講堂與佛光會多年來除了文教弘法以外，對於社會的公益活動、慈善救濟等，一直都很積極投入、參與，因此也獲得宗教界及香港政府的肯定。例如：一九九五年東蓮覺苑主動交由佛光山管理，弘法精舍也提供給佛光山成立佛學院；甚至香港政府更於一九九八年與佛香講堂合作，提供百分之八十的資金，成立「羅陳楚思老人中心」，爲千餘位長者提供服務；乃至香港佛光協會也曾榮獲香港政府頒發「公益金特別籌募獎」等，這一切都在證明，只要真心爲大衆服務，總會得到共鳴。

值得一提的是，由於一年一度的紅磡講演，多年來我幾乎每年至少要到香港一次，有一年我的證件過期，無法入境香港，香港當局居然破例讓我不必辦理通行證件就入境。所謂「一襲僧裝無價寶」，誠乃不虛之言，它使我在海内外各地雲遊弘法，經歷許多意想不到的方便。當然，我也期許自己不能辜負社會大衆給我的好因好緣，所以要以佛法來回報大衆，只要哪裏有需要佛法，我就到哪裏去弘法。

多年來我屢次到香港舉辦佛學講座，在行程的安排上，也總是少不了監獄佈教，或是難民營弘法，或是大學講演。早在一九八九年，我就搭乘直升機、橡皮艇遊走在香港島嶼之間關懷船民，也先後到過亞皆老街難民營與香港最南端的赤柱監獄弘法及主持皈依三寶，我爲他們開示「如何離苦得樂」，以及「如何度過獄中生活」，他們恭敬合掌的肅穆神情，我至今難忘；希望透過佛法，能夠幫助他們重新找到人生的希望與目標。

我覺得在香港這顆「東方之珠」的寶地上，真是印證了這是個「一半一半」的世界。這個世界本來就是好的一半、壞的一半；奮發的一半、沈淪的一半；善的一半、惡的一半；自由的一半、不自由的一半。因此我除了樂於與自由的社會人士講經結法緣以外，與脱離社會的一羣不自由、不能聞法的受刑人結善緣，更是我最誠心的願望。

每年紅館的大型講座之後，香港大學、香港中文大學、香港理工大學等，幾乎也都會安排我做一次講演。對象相當廣泛，尤其聽衆當中有學者、教授、醫生、律師，有政府官員、銀行家、企業家、演藝人員等，我的講題從禪學到管理學，乃至佛教的科學觀、感情觀、家庭觀、人我觀、社會觀、政治觀、世界觀等，幾乎無所不談。甚至有幾次以座談的方式進行，大家所關心、提問的，不外乎財富、健康、事業、人際、信仰，乃至個人的修行、生死等問題，這些社會人生的議題，「人間佛教」都能提供一些方向，帶給大家一些啓發，所以每次講座都座無虛席，也在香港造成轟動。

大概就是因爲這樣多次的講座、座談之後，大家也能深刻感受到，「人間佛教」所宣揚的佛法，是真正能夠對社會人生提供實質的幫助；所以二〇〇五年四月，香港中文大學與佛光山合作，共同成立「人間佛教研究中心」，希望透過雙方合作，使「人間佛教」的研究更上一層樓。

香港中文大學是屬於綜合研究型的大學，在亞洲排名前五名，過去一直致力於宗教研究長達半個世紀之久，如今承他們看得起，與佛光山合作，讓「人間佛教」推向高等學府，可以說意義非凡；而前後任校長，劉遵義及沈祖堯教授也成爲我們的佛光之友。

另外，也承蒙香港大學徐立之校長在二〇一〇年三月頒發「社會科學」榮譽博士給我。說起這件事，讓我聯想到一件有趣的事。我分別在二〇〇六、二〇一一年應中山大學邀請，曾到該校講演；當時，他們特別安排我在創辦人孫中山先生講演過的禮堂「懷士堂」演講；在此之前，我幾次到香港大學演講，他們也都是安排我在孫中山先生於該校講演過的禮堂「陸佑堂」演講，甚至後來頒發榮譽博士學位給我，也在同一間禮堂進行。

說到我在中山大學講演一事，記得當天我的講題是「智慧的真義」，那一次還承蒙香港鳳凰衛視劉長樂總裁，親自帶著鳳凰衛視工作人員全程錄影，事後並於該臺每週一次的「世紀大講堂」節目播出。

我與劉總裁結緣是在二〇〇二年，臺灣佛教界聯合迎請西安法門寺的佛指舍利到臺灣供奉，當時我們包了二架港龍飛機，從大陸經香港直飛臺灣，創下了兩岸飛行史上的紀錄，當時鳳凰衛視即全程轉播恭迎過程。

劉總裁是個非常有佛性的人，我們經過那一次的因緣，彼此一拍即合，也結下了日後的深厚友誼，所以多年來我到香港弘法，也經常應邀到他的電視臺接受訪問，透過現代媒體的傳播，更能把佛法跟更廣大的羣衆結緣。後來承他對我的友誼，我在各地講經，也都不斷給我一些因緣。

除了鳳凰衛視以外，我在香港弘法多年，也與香港的平面媒體，如《星島日報》、《東方日報》、《天天日報》、《成報》、《快報》、《大公報》、《文匯報》、《亞洲週刊》等，乃至電子媒體，如：衛視中文臺、無綫電視臺、香港電臺等，都建立了很好的關係，每次我到香港，他們不但報導我的弘法新聞，甚至找我做專訪，尤其在一九九七香港回歸前夕，他們更要我爲港人提供安心之道。

說到一九九七香港回歸，當時真是人心惶惶，大家不知道未來的政局、命運如何，因此紛紛問及前途看法。我只得從佛法的觀點告訴大家：世間的一切，其實都在「一念之間」，身體的安頓必須從內心做起，只要大家懂得對人尊重包容，懂得用平等和平的心處世，懂得建立知足的生活觀、平等的人我觀、般若的處世觀，如此就可以「馬照跑、舞照跳」，就能不爲外境改變而動。

當時爲了進一步給予港人一個安定未來的方向，我們還特地把第六屆國際佛光會會員代表大會選在香港國際展貿中心舉行，並以「圓滿自在」做爲大會的主題演說，希望藉此讓信徒和港人得到安心。因爲我們提倡「人間佛教」，就是希望透過佛法的傳播，能對人心的安頓，對社會的和諧，乃至對世界的和平，提供一些貢獻。

而在香港回歸後，確實有很多人感謝佛法伴隨他們走過不安定的時代，帶給他們內心的平靜與祥和。後來他們甚至把一年一度的佛學講座，譽爲是「香江的一朵淨蓮」，認爲佛法改變了香港人的信仰與生活。

過去香港人因爲喜歡賭博賽馬，每當跑馬比賽時，大都不希望見到出家人，他們認爲出家人理光頭，見到出家人就會輸光光。後來我在香港紅磡體育館講演，我就告訴大家：「人生的財富並非只有金錢、股票、有價證券，乃至黃金、鑽石等，人生有了慈悲、智慧、明理、感恩、知足等佛法，就能擁有另類的財富。因爲佛法可以幫助我們建立正確的思想與觀念，有了好的理念，就能擁有財富，所以佛法纔是人生最寶貴的財富；而出家人就是要把佛法、把財富帶給大家，所以見到出家人不是會輸錢，而是會發財。」

我的話引來臺下一片掌聲雷動，從此以後他們不再排斥出家人，慢慢的都把出家人當成財神爺，甚至不但很喜歡出家人，尤其喜歡聽聞佛法，因爲聞法會改變觀念，好的觀念就能獲得財富。因此我常說：只要能把觀念一改，地獄就會變爲天堂。

另外，我剛到香港時，最大的困難就是坐計程車，因爲計程車司機對出家人也不是很友善，有時還會拒載。後來我每次坐計程車，車資二十元，我都給他們一百元小費。雖然香港有收小費的習慣，但是二十元的車資，給一百元的小費，這也是很奇妙的事。

甚至我不但自己跟他們結緣，同時也鼓勵佛光山的徒衆照我的方式去做，雖然所費不多，但能給他們歡喜，讓他們發財。後來計程車司機也改變態度，有的不收費，有的還會主動捐錢要我們幫他佈施做功德。再到後來，在香港弘法的佛光山徒衆，他們到商店買東西，有的店家不收錢，有的則減價，說要厚待來港弘法的人。可見弘揚佛法本在僧，佛教的弘法是所有出家人應該擔當的責任，大家要有「捨我其誰」的發心。

說起來，我這一生的人生際遇真是很奇妙，在我初到臺灣時，本來想要轉往香港弘法，但是因緣不具，後來就留在臺灣。但我在臺灣弘法，最早在宜蘭講經十年，可是臺北人不知道；後來我到高雄的中正紀念堂及各大學也講了十年，北部人也不知道，甚至我在臺北「中山紀念館」開大座講經連續三十年，臺灣人也不知道。但是我到香港紅磡體育館講演二十年，纔剛開始講了没幾年，感覺好像全世界的人都知道了。例如一九九二年二月澳洲南天寺破土，當時我們在當地既没有信徒，也没有認識的朋友，只不過是澳洲政府給了我們一塊地，讓我們在那裏建寺弘法，可是破土當天竟來了五千多人，離我們原本預想大概只有三五百人，頂多一兩千人的差距實在是太大了。

這些當天來參加破土典禮的人都說，是因爲他們在香港的兒子、女兒，甚至親朋好友告訴他們這個消息，並且要他們一定要來參加，由此可見香港這個地方的傳播力之大。

其實不只是澳洲，在我走偏世界五大洲建寺弘法時，經常有無數的廣東人前往聞法，並且就近護持，因此我曾經說過：如果今天我所推動的國際化佛教能有一些成就，最要感謝的就是香港信衆給我的因緣成就。

特別近幾年來，香港信徒不斷地回到佛光山來禮佛、參加本山的戒會、各項弘法活動，對「佛陀紀念館」也持續地發心，甚至，連香港機場的海關人員都認得他們了。

事實上香港佛教的僧信大衆，多年來也一直跟著我們在爲佛教寫歷史，例如：一九九五年佛光山梵唄讚頌團到香港弘法，這是大型佛教梵唄音樂弘法首度登上紅館，成爲佛教界首見。再如二〇〇一年九月，透過媒體連綫，大陸、臺灣與香港人民在香港共同見證「臺灣佛教界恭迎佛指舍利」的簽約儀式；接著二〇〇二年二月，臺灣佛教界到大陸迎請佛指舍利時，港龍航空從臺北經香港直飛西安，創下了兩岸飛航的首例。當時香港鳳凰衛視全程轉播恭迎過程，與兩岸的媒體聯合團結，成爲直播史上的第一次。乃至二〇〇四年三月，結合兩岸佛教之藏傳、南傳、北傳佛教梵唄音樂的「海峽兩岸佛教音樂展演」，不但座無虛席，且造成極大轟動，不僅是海峽兩岸佛教界同心協力發揚中國佛教音樂的第一步，也是中國佛教史上歷史性的一刻。

可以說，我這一生與香港佛教的確是結了很多的好因好緣，這一方面是因爲香港人信仰虔誠，聞法的心熱

誠懇切，所以多年來讓我有機會不斷到香港弘法；再者因爲香港的地理環境特殊，長久以來一直是海峽兩岸的中間轉接站，所以長久以來也讓我見證了很多人生的悲歡離合。

記得在兩岸正式開放往來時，那時大陸同胞普徧經濟不是很富裕，到香港一趟，不只旅費，食宿也是一大負擔。因此我特地在香港設了一間小房子，讓大家到香港探親時居住。印象中朱斐居士就曾在這個小房子裏與家人團聚，另外還有不少家庭也在此共享天倫。我們從頭到尾都是免費提供，從來不收分文，大家也都住得皆大歡喜。

甚至我與母親闊別多年後，最初剛聯絡上時，也曾在香港見面，後來我還把大陸的親人及過去的師友，如雪煩老、卓塵老、圓湛老等人，請到香港小住，藉此報答他們過去對我的愛護之恩。

佛教所謂「上報四重恩，下濟三途苦」，弘法與報恩都是出家人應有的發心與美德，所以我提倡「人間佛教」，主張要代替阿彌陀佛報恩。我覺得懂得報恩的人生纔是富有，所以「人間佛教」不但要把歡喜佈滿人間，也希望人人建立知足感恩的人生觀；唯有人人懷抱歡喜感恩的心，人人都能在心中廣植恩田，人心纔能得到淨化。

因此，唯願佛法不只成爲香江的一朵淨蓮，更能深植在每個人的內心裏，因爲唯有人心得到淨化，這個娑婆世間纔有可能轉穢地爲淨土。

我與星馬佛教的師友緣

說起新加坡、馬來西亞和我的緣分，倒不一定同是華人，主要是同樣信奉佛教；再者，馬來西亞和新加坡兩地我的讀者很多。

文字初結法緣

先是一九五〇年初，我的《釋迦牟尼佛傳》出版以後，可以說，在星馬的反應，其熱烈的程度超過臺灣。後來又有一本《玉琳國師》，更是讓星馬佛教的同道，彼此有了文字、思想、信仰上的緣分。而星馬兩地，最早跟我來往的以年輕人居多，因爲青年們喜歡看書，所以，我和星馬的人士，就不斷地有書信往來了。

例如：檳城妙香林住持廣餘法師來信向我購買《釋迦牟尼佛傳》，每一次都是幾百本、幾百本的贈送給有緣人；後來商之於我，索性讓他在馬來西亞印刷，一印都是幾千本，甚至上萬本，我也沒有什麼版權觀念，樂得佛教書籍廣爲傳播，有利於佛法的弘揚。

再有，馬來西亞最早的佛寺，由金星法師住持的馬六甲青雲亭，信徒以青年爲多，求法心强，有一位陳瑞治居士以《釋迦牟尼佛傳》當作課本，教授當地青年。

另外，勝進長老也經常和我通信，其文字非常練達，每次接到他的書函時，字裏行間，對於他的文章和道德即引起無比的敬仰。勝進長老，一八九一年生於福建省閩侯縣，是一個很難得的高僧，爲人慈悲熱忱，很有菩薩道的精神力，做事一點也不含糊，非常熱心於佛教的推展活動。過去支持過我的佛教文化服務處，可以說非常發心，在當地也受人尊敬、信仰。

「過去在怡保有一個東蓮小築，實在是不小；在新加坡有一個自度庵堂，自度庵堂度他。」我曾經這樣說過。東蓮小築是勝進長老一九三八年在怡保創建的，一九六三年我訪問馬來西亞時，曾到東蓮小築拜訪過，寺院的庭院很寬大，佛殿上面是藏經樓，後邊有幾座寮房，右面是二層樓的講堂，勝進長老的靜修禪室中經書法物很多，可見其孜孜不倦的精神，很使人敬佩。

而另一位與我交往深厚的長老，是太虛大師的入室弟子，初期擔任馬來西亞佛教總會會長的竺摩法師。他是我在大陸時就久已仰慕尊敬的前輩，詩書字畫，堪稱一絕，是一位多才多藝的才子；除此之外，佛學、文學、哲學，無有不通，所有作品，都有文學的味道。我雖未正式入學堂讀書，但與生俱有愛好文學的性格，因而有因緣和他結交。

承蒙竺摩老對我的高情厚愛，當時在我即將出版的《無聲息的歌唱》小書，及翻譯日本森下大圓的《觀世音菩薩普門品講話》時，請他替我即將付梓的新書封面題簽，他毫不遲疑地爲我的書題簽，並且還寫了多少對聯、條幅送給我。

據他在《海潮音》上發表過的文章說，他在澳門禮拜地藏菩薩八年，承蒙地藏菩薩現身，爲他授記，所以竺老都稱地藏爲恩師。他一九一三年出生，比我大十四歲，所以我稱他亦師亦友。真感謝這許多長老朋友不嫌棄，對我諸多厚待。

但我又聽聞說，星馬大部分以福建人爲主，對於其他省份少有來往，但是據我的瞭解，星馬的佛教，大部分都是來自大陸各省的法師在那邊協助弘揚，除了福建省的一些大德們以外，如浙江雁蕩山的竺摩長老、擔任新加坡佛教福利協會會長的演培法師是江蘇揚州人、擔任新加坡佛教總會會長的隆根法師是江蘇泰縣人，以此觀察，星馬並沒有地域觀念，排斥其他地區的人士。我到今天應該要爲星馬的佛教界，在此做一個說明。

我的星馬緣

因爲我居住臺灣，心裏也向往到星馬，不敢説前往弘法，只能説去參學。一九五九年有一個機會，馬來西亞佛教總會來了一份公文，邀請「中國佛教會」介紹一位法師到星馬巡迴弘法，我心裏面想，這可能是我最合適，因爲星馬最適合通俗的「人間佛教」講演，不需要太多談玄説妙的開大座講經，於是毛遂自薦，希望可以去結緣，但是「中國佛教會」不肯接受我的請求，他們最後選擇了曾任江蘇常州天寧佛學院教務主任的默如法師前往。

默如法師學問必定是超過我，但是他對現代的弘法，必定不及我，我也無可奈何，覺得失去一個前往星馬參學的機會。不過因緣終於還是來了，一九六三年，「中國佛教會」要組團訪問東南亞，國民黨部官員並未受我拜托，卻一致要我隨團參加訪問。所謂公道自在人心，我終於也能坐飛機到星馬參拜一些長老，和訪問一些朋友了。

訪星馬見聞

我在星馬訪問的時間，是從一九六三年的七月二十三日到八月十日，一共十八天。現在憑記憶所及，略述星馬兩地給我的影響：

一、馬來西亞雖以伊斯蘭教爲國教，但自一九五七年國家成立後，佛教團體紛紛設立，在那裏的長老大德們，都有心爲佛教的發展，獻出力量，他們非常熱心社會公益事業。如：廣餘法師、竺摩法師、真果法師、金明法師、金星法師等人，在馬來西亞辦有會泉幼稚園、菩提學院、菩提中學、菩提小學、香林學校、善才學校；在新加坡辦有菩提學校、彌陀學校等；另外還辦診所施診、施藥；兩地的養老院，每年也都捐有大筆款項，做爲護持。

二、光明山的宏船長老，雖没有受過基礎的佛教教育，但是他對佛教興辦教育、培養人才非常熱忱。我記得訪問新加坡光明山時，他就拿出了一萬元叻幣，相當於一萬美金，交給白聖法師、賢頓法師、淨心法師和我四人，表示贊助臺灣佛教的教育。當時我辦了一些幼教、青年班，但白聖法師代表拿了那筆贊助款後，如何使用，也就不得而知了。

另外，八打靈觀音亭的鏡盦法師長得一副南人北相，身材高大，對佛教的事業也很熱心，他的生活很簡單，錢財對他來説是身外之物，凡信徒供養他的紅包，全捐做社會救濟事業，他每次見到我，都要捐一筆錢給我作爲弘法之用。

三、星馬的出家人非常淳樸，這些長老大德們，多數是從中國輾轉而來到星馬落脚，他們對佛學方面少有深入，但是他們對社會的關懷、熱心不落人後。來到星馬後，也没有健全的教會組織，來訓練大家如何同心同力發展佛教，所以各自爲政，紛自設立道場。

星馬的道場，有的具有叢林規模，有的並不是很大，如：竺摩法師的三慧講堂、真果法師的觀音寺、鏡盦法師的觀音亭、廣餘法師的妙香林、明德法師的香山寺、龍輝法師的香嚴寺、和豐法師的報恩寺、遠明法師的洪福寺、如賢法師的觀音寺、藏心法師的法華巖、勝進長老的東蓮小築、宗鑒法師的三寶洞、伯圓法師的湖濱精舍、振敏法師的觀音亭、金星法師的青雲亭、金明法師的香林覺苑、定光法師的麻坡淨業寺；新加坡本道法師的毘盧寺、佛慈長老的菩提佛院、妙理法師的妙音覺苑、青凱法師的普濟寺和法華寺、廣洽法師的龍山寺、常凱法師的伽陀精舍、宏船法師的光明山普覺寺、松林法師的法施林、弘宗法師的福海禪院、悟峰法師的法藏精舍、忠心法師的圓通寺、志航法師的大覺寺，以及很具有叢林規模的雙林寺等，我也曾一一拜訪過。

四、一九四〇年，慈航法師跟隨太虛大師組織「中國佛教訪問團」赴印度，之後便應信徒之邀請留在南洋弘法，直到一九四八年秋冬之際纔到臺灣。我知道慈老對星馬的佛教有很大的貢獻，他的弟子畢俊輝女士曾擔任世界佛教徒友誼會新加坡分會的會長，也是菩提學校的校長。

畢俊輝女士英文很好，一口流利的英語，做事非常活躍。她常說有今日的成就，感謝慈老對她的栽培，因此發願終身奉獻給佛教；她爲了報答師恩，把慈老創辦的菩提學校，辦得有聲有色。

另外，菩提中學的校長是傅晴曦女士，她是福建省金門縣人，有「金門第一女將軍」之稱。儀態莊嚴，風度讓人讚美，對人慈和親切，學問又好，在她的主持下，提升菩提中學的學風，在檳城聲望很高，有如早期的臺北第一女中。

而在新加坡辦有診所的常凱法師是一位名醫，精明幹練，很有風度，令人敬愛，他平常不作經懺法會，完全以醫術濟人，由於醫術高明，所以求診的人很多。其女醫師弟子蘭芝，及前「教育部」高級官員洪孟珠，現爲佛光會檀講師，在當地也發揮了弘揚佛法的力量。

五、星馬不論是法師或是在家居士，對於文化的推動最爲熱心，例如：廣餘法師設有佛學書局，我曾去參觀過，裏面的佛書法物應有盡有，佈置得整齊美觀，由三位青年協助管理，實爲馬來西亞佛教慧命所寄之處。

再說新加坡佛教會的會長李俊承居士，他無論在慈善、教育、文化方面都極爲積極，他歡喜助印佛經送人。自從我的佛教文化服務處每月開始印經，李居士就經常寫信給我，不但每月參加印經，一助印就是幾千份以上，並且將這些佛典分贈給有緣人。

再有一位，值得一提的是菩提蘭若的林達堅居士，我認識她時，她已是六十歲左右的老信徒。她是慈航法師的弟子，「以佛心爲己心，以師志爲己志」，這是慈航法師的座右銘，林居士確實真的做到這種地步。她大半生可說都奉獻給佛教，維持、護持許多道場。她沒有什麼權勢，不靠地位，完全憑著爲佛教的熱忱，辦佛學院、推廣文化、助印佛書；尤其早期對我們的佛教文化服務處助力很多，經常一買就是幾千、幾萬塊。

走筆至此，看到佛教在臺灣可算是興盛，每逢遇到各種法會，信徒們總是趨之若鶩；要建築寺院道場，往往一發動，很快就可以募集到善款；可是，一談到教育文化事業的推廣，卻多爲退避三舍，多不瞭解教育文化的功德，甚爲可惜。

馬來西亞的發展和佛光山有同時推動的意義

自一九六三年訪問過星馬後，隔年隨著壽山寺落成，壽山佛學院開辦、創建佛光山，我的弘法也就以臺灣爲重了。一九七七年馬來西亞青年邱寶光、梁嘉棟、梁國興、黎順禧、陳增金、許來成等八人來山訪問，在佛光山大悲殿求受皈依，我稱他們爲八金剛，他們回去之後成立「馬來西亞佛教青年總會」，邀約我做他們的宗教導師；聘請許子根博士擔任會務顧問。

馬來西亞佛教青年總會（簡稱馬佛青）對佛教最大的貢獻，我想除了發展青年團，鼓勵青年學佛以外，還設有佛青文化服務處、印經會、出版《佛教文摘》、英文佛教刊物 *Eastern Horizon* 等，都是很好的教材，對佛教文化的弘揚上有很大的幫助；他們也將我的著作，以小冊子形式印刷流通近百萬冊，與大馬信徒結緣；所以後來我到馬來西亞弘法能有這多人來聽經聞法，這應該也是其中一個原因吧！

許子根博士，一九四九年出生於檳城，長得一表人才，口才、英文都好，信心堅强，目前擔任首相署部長，受封爲丹斯里。我記得一九九二年我到檳城東姑禮堂講演，那一次講演可謂盛況空前，原本只能容納一萬人的東姑禮堂擠進了將近兩萬人，還有很多人被拒絕於門外，大聲喊問：「我的師父講演，爲什麼我們不能進去！」

剛巧時任州長的許子根博士在旁致詞聽到了，話鋒一轉，幽默地說：「今晚的場面，更加强了我要建立一個容納兩萬人以上室内體育館的決心，這樣下次星雲大師來弘法時，纔能使大家如願。」語畢，掌聲響徹雲霄。

八位馬來西亞青年，和我最早結緣是邱寶光居士，一九六一年我在編輯《中英文對照佛學叢書》時，書中的《羯臘摩經》英文版就是由他翻譯成中文。一九六三年我訪問星馬纔有因緣和他見面。邱寶光居士長得文質彬彬，温和文雅，爲佛教熱忱，一直擔憂大馬佛教現況，希望能有通曉英文的法師到檳城弘法，讓更多知識青年皈依佛教學佛。

梁嘉棟後來出家，法名惟悟，現在是檳城檀香寺的住持。這八位青年對於大馬佛教的發展，不遺餘力，後來我成立國際佛光會馬來西亞協會，他們都是重要推動者。

我看星馬佛教早期確實有不少的人才，可惜馬來亞佛教會（後改稱馬來西亞佛教總會）設在最北區的檳城，假如會址能設在大馬中部吉隆坡，其所發揮的力量，就不可同日而語了。另外，假如佛教好好接受他們的護持，真可以發揮最大的力量。

再結星馬緣

爲什麼自一九六三年訪問大馬後，時隔二十年，直到一九八三年我纔再次率領「佛光山新馬佛教訪問團」二十位比丘，前往星馬弘法？

撇開開山建寺不講，還有一段因緣可述：當年我在編雜誌，藉著一九六三年的訪問的機會，大幅報導大馬佛教的情形，引起臺灣很多寺廟到大馬化緣。福海禪院的弘宗法師就跟我講：「臺灣都向我化緣，在我抽屜裏，就有四十多家的緣簿，真是受不了的壓力啊！」

因爲這四十本緣簿，讓我感到不好意思，心裏立定一個主意，將來有一天，可以捐獻給星馬佛教的時候，我纔要去訪問，如果我還没有力量佈施，我就不去。佛光山開山幾十年來，我從來没有向星馬化緣過，但我對星馬的人幫助佛光山很感謝，因此，我也很大力地支援大馬的各項佛教事業。

第二次的大馬訪問行，我將所有皈依、講演、信衆的紅包，共十七萬多，悉數捐給馬來西亞佛學院。

建寺弘法

我到大馬弘法期間，承蒙廣餘法師慈悲，不但供應妙香林大殿作爲弘法皈依場地，其在附近的一棟房子就像我們的下院，每次來都下榻於此，接受寺衆親切的食宿招待，心中萬分感謝；還有金明、竺摩長老多次邀我主持法會，自謙居於副座，他們的氣度、他們的包容、不嫌棄，帶動大馬佛教的發展，功不唐捐。

金明法師是佛教會的主席，和金星法師是師兄弟，兩位對於弘法很熱心，一九五五年馬來西亞還没有獨立的時候，他們就發起組織馬來亞佛教會；另外，馬六甲香林學校就是爲了紀念他們的恩師香林和尚而創辦的，我還曾去參觀過。

後來我在馬來西亞興建道場，除了漸漸有馬來西亞弟子隨我出家，需要建寺安僧外，也是因爲廣餘法師邀請我擔任他吉隆坡鶴鳴寺的榮譽住持，並要我派心定法師前往管理。但我想，任期總有時間性，所以三年一到我就請辭。信徒郭建風女士知道後，希望我常常到馬來西亞來，不希望法緣斷了，所以就發心捐贈在仁嘉隆一塊祖産地，以建寺院。

一九九六年南華寺（現改爲東禪寺）大雄寶殿落成，同時成立東禪佛教學院，作爲寺院發展的重心；當時馬來西亞各傳播媒體還讚譽，佛教學院爲「全馬第一座佛學院」、「它的創建象徵著大馬佛教將邁入一個新紀元」。

其實興建東禪佛教學院的原因很簡單，主要是因爲從馬來西亞千里負笈到佛光山叢林學院就讀的學生，與年俱增，往往又因旅行證件等各種問題，不得不中途輟學，心裏很爲這批有志未能伸的青年學生感到惋惜！就想，有朝一日如有因緣，一定要爲馬來西亞及東南亞等各國的佛教青年，創建佛教學院，來完成這些青年爲佛教奉獻、服務人羣的心願。

另外，新加坡建寺也不容易，滿可法師歷經十二年的努力，在新加坡舉行各種弘法活動，纔能獲得當地認同，終於在榜鵝地區找到一塊地方興建，並於二〇〇八年舉行落成揭碑典禮，就是現在的新加坡佛光山。當天新加坡總統納丹、國防部部長張志賢等多位貴賓，及來自泰國、香港、印尼、馬來西亞、新加坡等地的護法信徒約五千多人參與。

星馬的青年華人，熱情、聰明、耐勞苦、不服輸，如同當地的氣候一般，熱力四射。尤其擅長各種語言：華語、英語、馬來語、廣東話、福建話、客家話。佛光山在世界各國設立道場，馬來西亞、新加坡的徒衆一直都是站在第一綫打前鋒，也可以說是佛光山國際弘法最大的助緣。

如澳洲南天寺滿可、紐西蘭北島佛光山滿信、倫敦佛光山覺如、瑞典佛光山覺彥、巴西如來寺建寺的覺誠，西來寺如揚和慧聖，佛州光明寺覺凡、奧克蘭佛光寺依是、印度德里文教中心慧顯、馬來西亞弘法的慧海和慧廣、大智圖書館依修、佛香講堂滿樂、新加坡佛光山妙穆、菲律賓萬年寺覺林、宜蘭靈山寺覺年、臺北道場有宗、佛光大學妙迦、斯里蘭卡弘法的覺門、南天大學覺瑋、北京大學教育博士覺舫、香港佛光道場覺毓、多倫多佛光山覺謙、在大陸興建鑒真圖書館的慧是及慧炬、佛光山禪淨法堂的慧誠，電子大藏經的覺然，都監院的慧施、慧喜、慧清、慧裝、慧祐、慧功、慧人、慧護等弟子，可說在世界各地撐持了佛光山半邊天。

不過追溯起來，還是要感謝馬佛總、馬佛青的諸山長老、居士護法們，多年來在大馬這片土地上默默地耕耘、播種，成果斐然。比起其他各國，馬來西亞華人追尋佛法真理的熱忱，可說世界第一。

國際佛光會馬來西亞協會

我常說，佛光山與佛光會，雖分爲二，以區分出家與在家生活在形象上的不同，但在精神理念上，則可謂「人之雙臂」、「鳥之雙翼」，缺一不可。所以一九九一年國際佛光會在全球開展的時候，馬來西亞是最先發起成立協會的國家之一，成立的過程，多承蒙邱寶光、梁國興、梁國基、陳愛珠、許來成、陳增金、謝桂元等人多方奔走；隔年，我再度前往檳城和吉隆坡主持弘法大會，同時正式授證國際佛光會馬來西亞協會成立。他們過去在馬佛青擔任要職，多年來一心一意爲佛教奉獻，在佛教界裏雖歷經不少誤解挫折，但仍堅持百忍，無怨無悔，不愧是「人間佛教」的實踐者，大家學習的模範。

馬來西亞佛光協會成立後，就由邱寶光居士擔任第一任會長，接著分別由慧海法師、拿汀陳瑞萊居士、傅佑聰居士、拿汀林玉麗博士、宋耀瑞居士、林汶階居士等人續任。

此中，陳愛珠是我們佛學院第二屆畢業生，也是馬來西亞佛光協會首任秘書。當年佛光山正處於開山時期，我每天帶著學生下午出坡作務，不論是男衆、女衆每個人幾乎要搬上百個磚頭，還要挑砂土，但學生們從不喊苦，也讓我看到了馬來西亞人的耐苦勤勞精神。

陳愛珠佛學院畢業後在佛教文化服務處多年，一九六八年纔回大馬佛教會教書，我也歡喜她將佛教知識帶回大馬弘揚，所以還提供佛學參考書和教學題材給她。

隨後，繼舜、繼程、繼明法師等人也陸續到佛光山就讀佛學院，回去馬來西亞後也爲當地佛教貢獻心力。

弘法大會結萬衆緣成就萬千佛子

國際佛光會馬來西亞協會的成立，在當地與馬佛總、馬佛青相互支持，常常舉辦各種大型活動，帶動當地佛教的發展功不可沒。

如：一九八七年馬來西亞佛教青年總會在檳城香格里拉酒店舉行一場「南北法師喜相會」的講座會，邀請我與南傳佛教十五碑佛寺住持達磨難陀長老對談，那一次的講座，由謝桂元協助翻譯，吸引了一千兩百多人聆聽，被當地喻爲當代佛教界一大盛會，也成功地建立了南、北傳佛教的交流。

另外，大概在一九八九至一九九〇年左右，我到檳城的一個祠堂演講，那一天的天氣如火爐一樣，我從門口走到講臺上就已經滿身大汗，心想三千人擠在這裏面，怎麼得了；可是一場演講下來，沒有人走動。不過大概他們熱慣了吧！我以爲今天這麼熱，明天人數應該會減少，出乎意料之外，第二天、第三天人沒有鋭減，反而一天比一天多，這讓我感覺到馬來西亞信徒的熱情，及信仰情操，不可忽視。

印象最深刻的是一九九六年，在拿督梁偉强、拿汀陳瑞萊夫婦協助下，馬來西亞佛光協會與馬來西亞佛教總會租下馬來西亞最大露天體育館——吉隆坡的莎亞南國家體育場，在慧海法師帶領下，聯合舉辦「萬人皈依典禮暨萬人獻燈祈福弘法大會」，我前往主講「人間佛教人情味」，當天就有八萬人參加盛會，信衆聞法的虔誠令人感動。那一次的弘法活動，據當地徒衆告訴我，爲大馬佛教寫下了多項第一，如：

一、突破最大障礙。弘法大會開始前幾天，纔獲得大馬政府批准舉行的執照。

二、場地最大。於莎亞南體育場舉行。

三、聽衆最多。來自檳城、太平、東馬等全國各地的佛教徒計八萬人到吉隆坡，造成該市大小旅館客滿。

四、貴賓層級最高。時任馬來西亞交通部長拿督斯里林良實醫生親任大會主席，發表開幕演説。內政部長黃家定先生擔任大會的監督，能力資源部長拿督林亞禮先生、文化藝術暨旅遊副部長拿督鄧育桓女士、拿督梁偉强先生均到場祝賀聞法。

五、佛教界空前大團結。馬來西亞佛教總會主席寂晃長老親臨大會；金明長老、廣餘長老、明智長老、伯圓長老及南傳佛教的達磨難陀長老均榮任大會顧問。

六、動員義工最多。在馬來西亞佛光協會秘書長陳瑞萊女士的領導下，總共動員了一千五百位義工。

期間，我與南傳的達磨難陀長老，共同率領佛光山八十多位僧衆和南傳一百多位比丘，爲現場八萬多名信衆主持皈依三寶典禮。我認爲佛教沒有南北傳之分，大家都是一家人，希望未來南北傳佛教界要更團結，共同爲弘揚佛教而努力。

大會圓滿將出場時，主辦單位安排我坐在車上繞場一周，由內政部長黃家定先生親自駕駛，臺上的信衆不斷以蓮花手印或揮手向我打招呼，感動於信衆的熱情，我忍不住下車和大家揮手，信徒們立刻一個個圍過來和我握手，一波波的人潮來了又去，前後一個多小時，在佛光會員的開路下，我纔能上車離開會場。

二〇〇一年，在綠野仙蹤國際會議廳舉行「菩提眷屬祝賀禮」，近四百對新人、菩提眷屬以佛教方式進行祝賀禮，綠野仙蹤集團創辦人丹斯里李金友還將祝賀禮列入馬來西亞金氏紀録。

今年（二〇一二年）適逢我在大馬弘法五十年，在徒衆覺誠與星洲媒體集團總編輯蕭依釗女士等諸多信衆的邀請下，舉辦一場三皈五戒暨爲社會大衆祈願祝禱法會。我再度踏上睽違十六年的莎亞南體育場，當天逾八萬人與會，其中四萬多位民衆皈依成爲佛教徒，頓時間，馬來西亞一下子多了幾萬個佛祖。馬來西亞是信仰伊斯蘭教的國家，而佛教與伊斯蘭教都擁有戒法，當地佛教徒與穆斯林同樣精進持戒，這爲國家社會帶來了一份和諧。

根據馬來西亞聯邦憲法規定，伊斯蘭教爲大馬的國教，因此佛教活動始終受限於寺院之內。這次馬來西亞佛教總會與國際佛光會馬來西亞協會，能在莎亞南體育場合辦弘法大會，是稀有難得的因緣。

馬來西亞也是一個多元種族、多元文化和多元宗教的國家，不同宗教應彼此尊重包容，以締造一個宗教和諧的社會，幾次的弘法大會，馬來西亞已向世人證明多元宗教並不是國家進步的障礙，而是巨大力量的泉源，可以讓國家在和諧的氣氛中不斷向前邁進。

此外，國際佛光會一直以來也希望能爲寮國、柬埔寨、越南、緬甸等國家盡一點心力，但久久不能如願。後來拿督丘民揚知道了，盡力促成這個因緣，於二〇〇二年，展開一趟的慈善之旅。國際佛光會及曹仲植基金會先後捐贈了一千二百輛輪椅給寮國、柬埔寨、越南、緬甸四國的各個慈善機構與佛教團體。

另外在緬甸，我們也協助育成高級中學重建，同時捐建學生餐廳及女生宿舍，提供獎學金與長期營養午餐、贈送書籍。我想這一趟中南半島慈善之旅，也爲南北傳佛教的融和跨出了一大步；更希望將來能協助南傳佛教走入國際。

拿督丘民揚先生是馬來西亞的華僑，一九四四年出生於馬來西亞沙巴斗湖，做人行事低調，爲善不欲人知，對於文教工作相當重視。早期曾當過記者，憑著對報業的熱愛，創辦華語報紙《晨報》，由於他爲人正義，言人所不敢言，所以在馬來西亞受到普徧歡迎。學佛後，他還在《晨報》中開闢一版「佛學園地」，希望能藉由佛法的傳播，淨化人心。

在馬來西亞，政府對華人的教育並沒有特別補助，華人必須在華人辦的學校裏纔能接受華語教育。因此這些私立學校大部分都要靠事業有成的華人出資纔能維持，丘民揚先生每年出資幫助這些華人學校，不知凡幾；佛光山東禪佛學院的重建，各方面他也是協助不少。

太太拿汀潘正來也是學佛多年，夫妻兩人在佛道上是人人羨慕的佛道伴侶。二〇〇二年東禪寺舉辦短期出家修道會，在倫敦留學的女兒丘靄如特別飛回來，與母親一同參加，當時還蔚爲一樁美談。

佛教靠我：大馬青年的心聲

隨著佛光會的發展，一九九七年國際佛光會青年總團部馬來西亞總團也相繼成立，在歷任總團長黄忠偉、宋耀瑞、葉宣鋒的帶領下，在大馬舉辦許多大型活動，如：二〇〇一年四月舉行的「二〇〇一年馬來西亞佛教青年幹部講習會：佛教靠我」，就有來自全國各地區的佛光會幹部、各大專院校佛學會以及各佛教團體佛青代表一千八百餘人參加，華人最大的政黨馬華總會主席拿督斯里林良實更蒞臨講習會。

同年十二月，國際佛光會青年總團部於馬來西亞召開「携手同圓——國際佛光會青年會議」，促進世界青年的交流，有二十六國、五千餘位代表參加，會中就有一千多名青年義工，聚集在吉隆坡綠野仙蹤會議廳協助這次會議的進行。

那一次「携手同圓」國際佛光青年會議決定在馬來西亞舉行，其實籌備時間纔半年，我擔心他們會措手不及，於是找來團長宋耀瑞指導他一些方向，並且告訴他，身爲總團長的使命，要帶領青年立足大馬、放眼全球。他果真不負重望，直下承擔。擔任團長期間，努力帶領著佛教青年成爲所有青年的典範。在二〇〇二年至二〇〇六年間舉辦「愛我青年」中學生學佛營，於全馬巡迴展開六十五場，吸引逾萬名青年學佛。

此外，在覺誠的支持下，二〇〇七年馬來西亞佛光山正式成立「馬來西亞佛光救援隊」，由宋耀瑞擔任隊長一職，這也是馬來西亞有史以來首支由宗教團體成立的救援隊伍。第一批救援隊的成員包括：弟子如行，及温佳禾、陳淑儀、林汶燕、林麗悦、鄭順升、李俊業、蘇昌芳、楊萬里、葉宣鋒、陳俊賢等十位佛光青年。

十二位青年背負著佛教靠我的使命，不畏辛苦參與各式的訓練課程。在二〇〇八年四川汶川大地震發生時，與國際佛光會世界總會救援隊共同前往災區救援。

今年（二〇一二年）在莎亞南體育場的弘法大會，來自大馬全國各地的佛教團體兩千名青年，在弟子如音的帶領下，演唱著「佛教靠我」、「携手同圓」等佛曲，震撼全場，所有見聞者，都受到他們的熱情與活力感動。從中我看到了大馬青年們真的以「佛教靠我」這句話爲使命，在爲佛教的傳承努力。

此外，大馬青年也都在各自的專業領域，爲大馬佛教貢獻一份心力，如：馬佛光出版社總編輯沈明信、佛教音樂作曲家黃慧音、前任馬佛青總會長王書優博士、曾是英國曼徹斯特佛光青年團團長，現任新加坡西門子電子工程師、馬佛青總會長吳青松，是西來大學碩士，大馬副教育部長魏家祥博士、在拉曼大學任教於核醫的佛光檀講師梁惠儀博士、在東京大學的電子科學博士方耀祥講師、馬六甲青年團長何仙明博士、新加坡佛光青年團王順生博士，及吳慧娟博士、林洪智醫生等等，這些都是從小或少年時經過佛法熏陶，目前在各地承擔弘法重責大任。

大馬三位總理認同宗教和諧

多年來，佛教能夠在以伊斯蘭教爲國教的大馬，順利展開弘法，可知政府在宗教上讓人民有廣大的自由度；在種族相處上，我雖是一個外來的華人，卻能在大馬國土走動，且又不被限制，甚至能在臺上弘法，可見此民族對於其他異族同胞的包容。我也很榮幸有三次因緣，與大馬最高領袖會面，分別是：

一是一九九八年，我在時任交通部長林良實醫生的陪同下，到首相署拜會拿督斯里馬哈地醫生，那一次是馬哈地首次接見佛教人士，這次的會面我想在一定程度上也提升大馬的形象，以及領導人具有包容心的國度。

再者二〇〇八年，在時任交通部長翁詩傑陪同下，與首相拿督斯里阿都拉暢談宗教和諧的課題。目前擔任國際佛光會副總會長的翁詩傑，一九五六年出生於吉隆坡，是馬來西亞華人公會（簡稱馬華公會）第八任總會長。

三爲今年（二〇一二年）我到大馬參加弘法大會，首相署部長丹斯里許子根趁此因緣，安排我與首相拿督斯里納吉會面。首相納吉告訴我，很高興看到維持種族和諧的活動在馬來西亞進行，不管大馬人信奉哪一種宗教，最重要的是他們都能成爲好公民。我也認爲種族和宗教和諧必須具備各方面的條件和各種因素，就好像五根手指一樣，少了一根都不行，所以每個人都必須努力纔能夠達到目標。

大馬媒體是一朵清淨蓮花

這次的會面，大馬媒體也爭相報導，一直以來，我都非常讚嘆大馬媒體人，如社會的一朵蓮花能爲世間展開芬芳，帶給社會正面光明的報導，我也很欽佩馬來西亞的中文報，在諸多限制下，還能做得這麼好。

我一生沒讀過書，沒進過學校，能夠獲得知識，報紙可以說是我的老師之一，因此，我非常重視媒體傳播的訊息，一再鼓勵媒體人要多報導社會的真善美、光明面，多說好話，讓世界更美好。

馬來西亞媒體人，如世華媒體集團執行顧問劉鑒銓、總編輯蕭依釗；《星洲日報》副總編輯曾毓林及鄭丁賢等人，他們都是盡心盡力提升真善美、準確、公正、平衡報導的媒體工作者。

我想媒體扮演影響社會人心的重要角色，爲了要提升媒體人的素質，給予優秀的媒體人鼓勵，就像西方有「普立茲獎」一樣，我也設立了「真善美新聞傳播獎」，希望藉此拋磚引玉，形成一股清流，讓人們多向好處想、往好處看、朝好處說、朝好處做，社會纔會真善美。

首届「星雲真善美新聞傳播獎」頒獎後，第二届遴選規模擴大至大陸、香港等地區，乃至新加坡及馬來西亞等國家，包括劉鑒銓、新加坡聯合早報總編輯林任君、南洋商報前總主筆張景雲等人，皆獲得傳播貢獻獎；蕭依釗也在第四届（二〇一二年）獲得傳播貢獻獎，他們能夠獲得肯定，可說實至名歸。

我與菲律賓佛教的關係

一九四九年，國民黨退守臺灣，和臺灣最靠近的國家就是菲律賓。那個時候，臺灣和菲律賓往來密切，一九四九年蔣介石在臺灣復行視事的時候，還特地飛往菲律賓和總統季里諾（Elpidio Quirino）會面，而佛教互相往來關係也加强了。

菲律賓是一個海島國家，由七千多個大大小小的島嶼組成，特殊的景致多不勝舉。其一是菲律賓馬尼拉海灣的黃昏印象最深。我曾走過落日大道（杜威大道），看到馬尼拉海灣的落日，火輪般向海的盡頭慢慢落下去，霎時天邊映出無數道金黃色的紅霞，將海浪點綴得瑰麗無比，放遠望去，不禁想起兩句令人拍案叫絕的文句：「落霞與孤鶩齊飛，秋水共長天一色」。這綺麗萬分的美景是必去的勝地，我都耳熟能詳，記在心中。

另外一個奇觀，則是華人的義山公墓。建造得像皇宮一樣，豪華精緻的別墅裏，住的竟是過往先人，那洋式樓房原來是墳墓？我驚住了。房子裏一樣有客廳、書齋、寢室、甚至冷暖氣等設備。原來，菲律賓華僑有個奇特感人的傳統，每到假日、祭祖的時候，華僑們合家大小相携到祖墳墓内居住，吃喝玩樂，家庭聚會都在墳墓，像過年過節般的熱鬧。你看怎能不讓菲律賓人嫉妬呢？華人的墳墓比我們的家庭傢俱還要高貴。

這樣特殊文化之下的菲律賓，也因此發生了一件很不幸的事件，那就是「菲化案」。菲律賓政府非常排華，因爲華人的勤奮，掌握大部分菲律賓的財政，華人的富有讓窮苦的菲律賓人非常嫉妬。再加上諸多事件，讓菲律賓政府對華僑施行排擠、排斥。於是，菲律賓政治集團和當地商人利用輿論，通過國會的立法，限制和禁止外僑（除美僑外）涉足經濟等公共領域。

由於華僑占菲律賓外僑的百分之九十，所以各項「菲化」的法令和政策，被認定主要是針對華僑而起，在當時鬧得沸沸揚揚。菲律賓政府禁止華人在公共地方販賣生活用品，凡是米黍食糧、藥品、食品等，幾乎所有工商領域都設下限制。這對華人的打擊可以説非常厲害。不過，華人當中有一些優秀的領袖、企業家，他們並没有受到影響，仍然蓬勃發展，高高在上，發展世界通用的事業。

另外，那時候的菲律賓政府也很殘忍，凡是違反菲化案的僑民，就把他們關閉到水牢裏，有的一關就是幾年，天天蹲在水深及腰的牢裏，可説極爲不人道。當時政府基於政治軍事利益，對於菲律賓因爲財政的緣故，用這樣不人道的方法，虐待我中華同胞，卻不聞不問。全世界都有華人的移民，可憐這許多移民只有憑他自身打拼奮鬥，並没有獲得政府給予他們支持與幫助。

我知道菲律賓佛教是閩南系統，原本在菲律賓的華僑都以閩南人居多，尤其是廈門、鼓浪嶼、泉州、晉江、南安、東石等地的僑民，而閩南在大陸也是佛教寺院的密集地。菲律賓的閩南華僑，在馬尼拉組成佛教團體後，最先禮請閩南高僧性願長老到菲律賓創建信願寺。後來有規模較大的華藏寺瑞今法師，及性願長老所延攬到菲協助弘法的妙欽法師、如滿法師、覺定法師等，紛紛在那邊發展建寺；另外還有華僑組成的佛教居士林，帶髮修行的清姑都是閩南人。

臺灣光復後的佛教發展中，臺中佛教蓮社可以説是發展最快的一個道場。原因是，當時菲律賓的僑胞到臺灣來，臺中李炳南優先獲得菲律賓信徒給他們支持，而有如此勢力。他們興建菩提仁愛之家、慈光圖書館、臺中佛教蓮社、慈光育幼院等利生事業。

後來，聽説菲律賓信徒預備出資幫助臺灣佛教辦一所大學，地點預備選在日月潭，因爲那個時候蔣介石有一個涵碧樓在日月潭，潭景風光明媚，玄奘寺、慈恩塔也都屬於日月潭的美景之一。我記得菲律賓華僑企業家蔡文華、蔡孝固兄弟等，看中在文武廟附近的一塊地，並已集資了三千萬元，相當今日的三億元以上。

可惜，佛教界並沒有敢接受他的提議和捐助。因爲辦大學，實在地說佛教界還沒有這個條件。我當時人微言輕，還沒有搭上這一班順風車；後來聽說他們想要在臺南開元寺對面的空地上興辦大學，但是開元寺把他的寺廟土地，租售給元寶樂園做遊樂區，辦大學的希望就更渺茫了。

後來臺灣相繼有基督教「東吳大學」、中原大學，天主教東海大學、臺灣「輔仁大學」，以及滿臺灣到處都是天主教、基督教設的教會學校。等我成長到一九六〇年代開創佛光山後，我也想辦大學，就跟當局商談，當局說臺灣學校過剩，除非是大學名校的附校，其他一概不再考慮。

說來，菲律賓佛教居士林對臺灣佛教的善行貢獻不少，如慈光圖書館、菩提仁愛之家，臺北新莊樂生療養院的棲蓮精舍，都是由他們捐獻巨款完成。而菲律賓華僑組織成的歲暮慈贈會，經常以大批名貴的醫藥，贈送給樂生療養院的麻瘋病患者。

麻瘋病是由於感染麻瘋桿菌所引發的疾病，患病的人容貌會變形，五官慢慢爛掉，嚴重時，會失明、耳聾、爪形手、鼻樑塌陷、鬚眉掉落、手足末端缺損導致四肢潰爛等。那時候的醫藥還不是那麼發達，因此，患了麻瘋病，等於是被宣判死刑。

麻瘋病最可怕的是會傳染，所以家裏父母兄弟姐妹，誰罹患了麻瘋病，家人就不要他了，就會把他送到孤島上去自生自滅，被大家孤立。那時樂生療養院的患者曾多達兩三百人，得到菲律賓華僑的贊助，那真是菲律賓華僑對臺灣最大的恩惠。

我與菲律賓

我在一九六三年，跟隨「佛教訪問團」前往到菲律賓訪問。那時候對菲律賓僑胞纔有接觸、瞭解，對佛教界人士也纔感受到他們活力澎湃，爲教洋溢著無限的熱情。

我們先是訪問寺廟，第一站是菲律賓大乘信願寺。住持瑞今法師，非常有學問，他是福建晉江人，一九〇五年生，也是閩南佛學院第一屆高材僧。到菲律賓十幾年中，支持佛教普賢學校改建教室，聯合各寺院創辦佛教能仁中學，經常參加世界性的佛教會議，可說是爲教盡心盡力的大德長老。

對於菲律賓之外的佛教團體，他也很發心資助，我在三重佛教文化服務處時，和他也有些文化上的往來，對於我從事的文化工作給予諸多鼓勵及支持，只是，他並不歡迎再多其他的出家人到菲律賓。

那時候是炎熱的七月天氣，我記得我在大乘信願寺前後住了十天，隨大眾生活，偶爾有行程訪問，他們就帶我去訪問華藏寺當家如滿法師。

華藏寺，是由性願長老創建的道場。性願長老是福建省南安縣人，一八八九年生，我們去訪問時，他已經圓寂，其爲人正派善良，把他尊爲菲律賓佛教開山祖也不爲過。性願老去世後，菲律賓佛教的重責就由瑞今法師擔當，繼承了菲律賓佛教領導地位，很有號召力，聲譽日益顯著，他活到一〇一歲，在二〇〇五年示寂。

另外，我們拜訪了隱秀寺。主持隱秀寺的是清和姑，印象中當時有一本佛教刊物《慈航》季刊，經濟來源都由清和姑獨力承擔。這樣帶髮修行的老太太，一直爲佛教的教育、文化、慈善等事業全力支持。聽說後來隱秀寺交由臺灣的自立法師掌管主持，這又是另外的因緣了。

宿燕寺是一個女眾修行的地方，當家師慧清姑，是一位帶髮修行的優婆夷。一身修道服感覺到真是清淨莊嚴，莊重文雅，慈和善良。記得我們去宿燕寺午餐，討了她們一頓飯吃。基於男女有別，所以一句話也沒有講就離開了。

清姑，就是閩南佛教中特有的「帶髮出家」女眾的身份。在閩南一帶（即泉州、廈門、漳州），特別是泉

州，女性住在寺院，像出家人一樣修行，這是福建佛教中特有的現象。後來因為性願老到菲律賓弘化的關係，閩南的清姑制度亦傳進菲律賓。

接著，我們又訪問在家信徒居士林蔡孝煖居士。蔡居士是一位虔誠的佛教徒，當時擔任菲律賓居士林的名譽理事長，他曾為我主編的《人生》雜誌撰文供稿，是一位行解並重、有德有學的長者。

我也曾到當地的普賢學校演講，普賢學校由劉梅生居士創立，我和劉梅生是數十年的好友，他為人風趣、沒有架子，辦有普賢學校、文殊學校，自己還擔任校長。他邀我去為學生講話，還親自為我翻譯。他因為奉獻教育、奉獻佛教，一直是菲律賓居士林裏的單身漢。

還有一位相當熱心佛教的李秋庵居士，鍾情三重文化服務處，時常購書贈送給親朋好友，跟慈惠法師、慈莊法師她們連繫很多。因為和我們佛教文化處的購書因緣，和他建立了友誼，他特地邀約我到他家裏接受供養，他們一家只有三個人，可是車輛有十幾部，紅色、白色、灰色等大概都是名牌，那個時候我們在臺灣窮哈哈的，要有一部汽車簡直比登天還難，可見在六十年代初，臺灣佛教比起菲律賓佛教，二地在財務上差距可想而知。

此外，他們安排我在信願寺做了一場對外公開講演，由僑民吳宗穆居士為我擔任翻譯，吳居士是大東廣播社的社長，翻譯時相當幽默風趣，清晰明了，大家聽得津津有味，我心裏也非常高興。他的女兒吳淑芳小姐，嫁給新聞局長龔弘先生的兒子龔天傑，並邀我替他們證婚。這一場佛化婚禮，一度引起社會的轟動。

那天上午在信願寺舉行演講後，中午由李俊峰居士夫婦在普陀寺設宴招待。飯後，又到王東元居士府上及董光垤居士家訪問。他們帶著我到各處參觀，看了不少寺廟、學校、工廠及當地名勝風景，感到盛情可貴。

那一次的訪問行程中，值得一提的是，由瑞今法師、廣範法師、蔡梅邨居士及段茂瀾先生等陪同，我們前去拜訪了菲律賓總統馬嘉柏皋（Diosdado Macapagal）。

總統先生的年齡不算太大，看起來有四十歲左右，非常歡迎我們的到來。我們帶了一部六百卷的《大般若經》送給總統，他欣然接受，並表示謝意。菲律賓雖然是個天主教的國家，但菲國總統卻很開明，承蒙總統會見我們，他一再表示，非常希望臺灣佛教派佈教師到菲律賓傳教，因為菲律賓有百分之八十五的人口都是信奉天主教，如果有多元宗教，可以互相激勵，共同發展。

佛光山菲律賓弘法

一九六五年之後，我創辦了東方佛教學院，菲律賓派兩個學生來念書，一位是出家眾廣明法師及在家居士蔡慧安。只是他們兩個人性情較柔弱，力量不夠。太內向的人，除了學習內修外，對於弘法利生事業，恐怕不容易擔當。

因為我對菲律賓印象很好，覺得菲律賓就是現在的人間天堂，當然我並不知菲律賓貧富差距、政局動蕩不安。又因種種因緣，以及在許多信徒的鼓勵之下，佛光山便派遣僧眾慈嘉前往弘法。慈嘉是臺灣宜蘭人，也是早期佛光山在宜蘭開山的青年之一。後來就讀壽山佛學院，以第一名畢業，為人正派有學問，所以派她前往菲律賓，我們也覺得非常適合。

第一次是一九八七年，描戈律法藏寺董事會邀請，慈嘉先去菲律賓講經一個月；之後，因為她也擅於文字，時常在菲律賓寫稿件，投在《覺世》旬刊發表，讓讀者瞭解菲律賓佛教發展的情況。

有一次，她寫到菲律賓佛教出家人，每天沒有事做，只是看電視度日。未料，這句話觸怒了廣範法師而來向我大興問罪之師。我問慈嘉事情始末，她說：「我不知道這嚴重性，我以為只是平常據實報導，怎會惹得這

樣麻煩呢？」

其實，這還是緣於菲律賓佛教有派系分別，如果不是福建人，要在菲律賓居住弘法，恐怕不太容易。不過像印順長老，由於他過去和性願長老的因緣，再加上他的學德，菲律賓佛教居士界曾經共同邀請他前去菲律賓弘法。

印順老由於一部《淨土新論》，裏面的言論觸怒了臺中佛教蓮社，致使臺中佛教蓮社要焚書抗議。其實，印順法師是以做學術研究爲主，也不是想對阿彌陀佛有冒犯不敬。後來印順法師得到菲律賓華僑贊助，捐了一座「太虛圖書館」給臺中佛教蓮社，以示彼此友好，纔不了了之。

關於慈嘉法師的事件，我記得在澳洲，廣範法師和我見面的時候，他還向我提出抗議。我向他道歉，並且說沒有關係，可以更正。他仍然忿忿不平，不肯罷休，難道要到法院告狀引起文字的爭論嗎？當然最後也只有不了了之。

爲此，慈嘉就覺得自己在菲律賓弘法不適合，要求常住換人。後來就推出永光法師前往。永光是師範學校畢業，聽說當時菲律賓普賢學校正缺少教師，我想，出身師範教育系統的永光去，或許會和他們投緣。後來證明，永光因性情和藹，人緣很好，但學校卻一直不曾要她去教書。

而在此之前，信奉天主教的華僑呂希宗、呂林珠珠夫婦，因爲謹遵慈母的遺命，發心建寺，在一九八八年，啓建一萬多平方公尺的寺廟，感念慈恩光輝，命名爲慈恩寺。寺院建成後，苦於無人住持三寶，就透過友人謝淑英女士引薦，邀請佛光山法師前往駐錫弘法。

我深受呂氏家族的孝心所感，就在一九八九年三月，指派慈容法師擔任住持，永光法師爲監寺。在永光去菲律賓時，我們特地强調她是福建泉州人，不過，在臺灣出生的福建人也是有原罪，幸好信徒們倒很包容，對於是哪裏人並不分別計較。之後，永光法師又帶著永寧和永昭一同弘法，也都能讓那裏的信徒接受。

一九九〇年九月，佛光山第二代宗長心平和尚主持慈恩寺院落成暨佛像開光典禮，我也特地爲慈恩寺提了對聯二幅以資紀念。

外柱聯曰：

慈心似日月，願法界衆生少苦惱；
恩德如山海，望宇宙人間多和平。

內柱聯曰：

慈悲普被大衆，決定萬修萬人去；
恩信同施十方，合當一念一如來。

就這樣，佛光山在宿霧慈恩寺開展了弘法之路。在宿霧當地，永光曾受邀到當地僑民辦的東方學院教書，深得學生熱愛及好評。這是一所八十幾年的學校，第一次禮請法師前去授課，我也感到很欣慰與歡喜。

有一回，永光他們也碰到三十年來最大的颱風，颱風將慈恩寺大殿三面玻璃打破，因有許多的鋁條，引來菲律賓人偷竊，真是讓人感到屋漏偏逢連夜雨。

由於菲律賓天災、人禍、兵變等問題不斷，時常聽到暴動、綁架等事情。最嚴重的就是政局動蕩、兵變頻仍，到處風聲鶴唳，到了晚上六點，就要將門户關好並用粗鐵條將門擋住。有一天，一個時常在寺院幫忙的菲律賓人，竟拿槍指著她們，幸好最後平安化解，她們的生命真是很不安全。

有一次，在臺灣新聞中看到菲律賓發生許多暴動、綁架的事，我趕緊打電話給永光，問她們是否安全？永光回答我說：「她們已經綁架了修女，不過，師父您放心啦！您不用擔心，我們會很好的；如果是真的綁架我

的話，師父不要來付贖金，您來贖我的話，他們會認爲佛光山很有錢。」一說來，永光她們在菲律賓弘法，一路走來相當艱辛，如果不是憑著爲教、爲佛光山的心，怎能走了二十多年？

菲律賓佛光山最早的發源地是宿霧，有感於首都馬尼拉的弘法也很重要，於是指示永光前往尋找可以弘法的因緣。

一九九二年，永光向慈恩寺借了三尊佛像及兩萬元，隻身到馬尼拉，落腳在王彬中國城阿蘭格市場。她借住信徒位於菜市場旁五層樓的房子，就這樣成立了「馬尼拉禪淨中心」。

這間屋子家徒四壁，沒有裝潢，連一張椅子也沒有。但她每天就到市場走來走去，逢人就合掌微笑，遇到有緣人對她微笑，她也趕緊回應。就這樣，漸漸度了不少人。所以我常說，永光最早的信徒都是從菜市場撿回來的。

一個小小的佛堂，二十四小時佛音繚繞，香雲密佈，好驅除菜市場散發在空氣中不堪忍受的魚肉屍臭，以及從酒吧傳來的噪音。漸漸地，有了竹製的桌椅，藤製的書架，組合成辦公室、圖書館和會客室，還有一套折合式的木製桌椅，一打開就可以成爲宴客的貴賓席。

儘管位在惡劣的環境，只有簡陋的設備，這個禪淨中心卻發揮了驚人的功能。經過短短半年的努力，由兩位信徒開始，接引無數的訪客，禮佛、吃素菜、請法，信徒日益增多，實在擠不下，已不敷使用了。

一九九三年三月，我再派慈莊法師到菲律賓勘察購地，選了一棟建於一九三一年，前身爲蘇聯大使館的建築物，命名爲「馬尼拉佛光山」。這棟建築占地兩千二百多平方公尺，富有維多利亞風格，位在馬尼拉市中心，周圍有黎薩大型體育館（Rizal Memorial Sports Complex）、世紀花園大飯店（Century Park Hotel）、哈里順商場（SM Harrison）、CCP 國家劇院，以及 PICC 國際會議中心等。交通四方八達，鬧中帶靜。

爲了節省禪淨中心的租金，又要規劃整理、維修督工，永光及永昭迫不及待地清理房子，挑燈攻讀室內裝潢設計相關書籍，好瞭解裝修工程內容。由於進度緩慢，在工人下班回家後，她們便拿起鐵錘鑿子，自己鑿牆壁、敲地磚，甚至撬石頭、搬石板；手起血泡了，手帕一紮繼續敲打。爲了整花園，買花草、樹苗，自己戴上斗笠，親手栽種一花一草。終於，使得前蘇聯大使館的老房子脫胎換骨。

當時，除了宿霧慈恩寺及馬尼拉佛光山外，臨近宿霧的描戈律，信徒相當精進，每回聽到慈恩寺有法師帶領共修時，搭船轉車，都要歷經八小時長途跋涉纔能到達道場。後來，信徒陳素珍等自發性募款購地建寺，二〇〇四年描戈律圓通寺落成。

描戈律另外一位師姐蔡淑慧，她在菲律賓外島人脈廣，除了協助圓通寺的募款建設等，發心甚多，她的二姐蔡淑貞女士因爲嫁到怡朗，早期佛光山便以她家的佛堂，做爲共修場所，借客廳作佈教所。後來就在怡朗成立一個佛光緣，接引更多人學習佛法。

菲律賓位於多颱風、多火山地帶，水災、地震大大小小的災情頻傳。佛光山除了慈善救急救難外，文化教育也是投入諸多心力。最初，臨近馬尼拉佛光山附近有一處貧民窟，當地小孩沒有辦法讀書受教育，於是永光她們便發心教貧民區的小孩唱歌、禮儀，養成良好的生活衛生習慣等等。

甚至爲了圓這些孩子的夢想，還辦了「圓夢之旅」，帶他們到類似迪士尼的遊樂園遊玩，這些小孩們長大後，有的還有參加《佛陀傳》的演出，在他們心中種下一顆善良的種子。

一九九五年，國際佛光會菲律賓協會成立，並在菲律賓國際 PICC 會議中心，召開國際佛光會世界總會理監事會議。我在當天也舉行了一場對外的大型演講，吸引了四千多人參加。

一九九七年二月，我們受邀參加菲律賓佛教、天主教、基督教等聯合祈福法會，在一座具有四百多年歷史

的天主教岷倫洛教堂（Binondo Church）演出，用佛教的梵唄慶祝天主教堂四百週年，當時菲律賓總統伊斯拉達（Joseph Estrada）也出席，寫下菲華宗教史上的新頁。當時有一位拉米瑞士神父（Msgr. Josefino Ramirez）也跟著我們唱梵唄，要求他們的信徒要和年輕的佛光山來往。

二〇〇二年佛光山梵唄音樂團到菲律賓公演「恒河之音」，讓佛教梵唄音樂首次登上天主教國家的大型劇院，連續幾場，吸引兩萬餘人。菲律賓人天性樂觀，愛好音樂，在二〇〇三年，舉辦了「人間音緣」的徵曲活動，有許多菲律賓音樂愛好者參賽，屢屢獲得獎項殊榮。

我常想菲律賓佛教，過去在菲律賓的華人、大德、出家人的努力下，辦了幾所學校，但僅限於出家人，要如何拓展到菲律賓人？讓菲律賓的小孩子，能參加佛教，甚至能讓他出家，推展佛教的本土化，讓菲律賓有了菲律賓的比丘、比丘尼，當地佛教就會發展很快。

我們可以想像兩千多年前，印度的出家人到中國來，他們如果在中國一直不肯離開，那麼中國人一直聽印度的和尚說法，我想佛教也不得發展這麼快。當然一個宗教要進入已有宗教的國家去傳播，沒有一百、兩百、三百年的歷史，要把它的宗教在當地生根，實在不容易。

考慮到菲律賓人與生俱來的音樂舞蹈天賦，爲了使菲律賓佛教能夠本土化，我們結合佛教與音樂，於二〇〇七年七月成功首創佛教英文百老匯音樂劇「佛陀傳——悉達多太子」，在覺林與陳祖仁居士的召集下，創辦了菲律賓佛光山藝術學院。不但透過文化藝術宣揚佛法，還召集當地大學生、知識分子及各界人士加入，團員中有天主教、基督教、甚至還有伊斯蘭教徒，在菲律賓各地公演，每一場皆吸引上萬人觀賞，他們音聲真是有世界水準。二〇〇八年，受邀到臺灣北中南演出十場以上，場場叫座。

二〇一二年五月，到佛光山「佛陀紀念館」大覺堂公演，再寫下以藝文弘揚佛法的新頁。至今他們在世界各地公演至少五十場，將近兩百名菲律賓天主教的青年擔綱演出佛陀故事，不但是佛教本土化的深耕，也充分展現佛教的包容與宗教的融合。而像安陀娜（Antoinette Gorgonio）等數位優秀的青年，後來還回到佛光大學完成碩士學位。

說來，永光和永昭、永寧她們在菲律賓弘法傳教實在不容易，一路走來，感謝菲律賓信徒一路來的發心，出錢出力，全心護持。諸如呂林珠珠的呂氏家族、陳珍珍、王素蘋、陳素珍、蔡淑慧、楊雙鶯、劉天民、洪國材、吳道川居士等等多不計數的發心功德主支持，讓菲律賓的佛教能夠走出去。

特別是在二〇〇二年時，爲了提供信徒一個更完善的聞法修行空間，決定在原址重建一棟全方位多功能的現代化道場。二〇〇九年完成，我將它訂名爲「馬尼拉萬年寺」，期許佛法能在菲律賓萬年流傳。菲華商聯總會理事長陳永栽居士，他慨然捐贈比鄰的四百平方公尺土地，讓新道場建地更爲完整，總面積達到兩千六百平方公尺；而他的弟弟陳永年居士前來皈依時，還特地搭私人飛機帶了二十萬美金供養，做爲建寺基金。

爲了佛法的傳承接棒，二〇〇九年，派遣畢業於佛光大學佛教研究所的妙净前往菲律賓擔任總住持。妙净是汶萊人，從小在加拿大長大，生性樂觀勇敢。接任之後，在二〇一〇年創辦菲律賓佛教學院，目前共有四十位學生。同時逐步進入菲律賓高等學府進行「人間佛教」的專題講座。二〇一二年舉辦菲律賓「人間佛教」學術研討會，以「人間佛教」與多元文化爲主題，共計有三十多位發表人提出論文發表。

宗教是一種文化，它是一種歷久的、無形的文化，提升對生命的影響，所以我自創辦佛光山以來，就不斷提倡以文化弘揚佛法及教育培養人才。

現在，「人間佛教」到菲律賓二十多年來的發展，成立了佛光會，舉辦家庭普照、讀書會，設立美術館、「中華學校」、佛學院等各種文教弘化、服務。尤其，由菲律賓天主教徒演出的《佛陀傳》，相當感動人。假

如由菲律賓人引入佛教，傳播到中學、大學，出版雜誌、印刷佛教書籍，再提升寺廟成爲以菲律賓人爲主的教團，就能爲菲律賓佛教本土化，奠定深厚的基礎。

菲律賓人有宗教的性格、宗教的天分，所以未來的佛教在菲律賓是大有發展的，可以說，「人間佛教」是菲律賓未來的希望，未來的光明。

我與日本佛教的友誼

說到中國和日本的關係，從唐代開始，日本派遣唐使、遣唐僧到中國學習中華文化，接著，邀請中國的高僧鑒真大師到日本弘法，之後千餘年來，中日之間的恩怨情仇，就很難釐清了。尤其清朝末年，中日在甲午年間的海軍一戰，中國被迫簽訂「馬關條約」，割讓遼東半島、臺灣、澎湖及臺澎附屬各島嶼；此後又逼迫袁世凱承認「二十一條」不平等條約，引起「五四」愛國運動，從此中日關係就一直糾纏不清。

尤其第二次世界大戰，中國對日抗戰期間，兩國的損失、死傷的慘烈，真是何苦來哉。所幸日本在一九四五年八月十五日宣佈無條件向同盟國投降，中華民族贏得抗戰最後的勝利，纔收復了東北、臺灣、澎湖等地區。

日本投降之後，不幸中國又開始國共內戰。國民黨敗退臺灣，我也在一九四九年正月，組織「僧侶救護隊」來到臺灣。想不到一時的臨時起意，一生的歲月，可以說和臺灣休戚與共。雖然我在臺灣六十多年，也到過全世界訪問，在各個國家和地區建設道場，但是關係最密切的還是在亞洲，如印度、泰國、馬來西亞、新加坡、菲律賓、韓國、日本等，數十年的歲月不斷地交往。而我和日本的往來，也有一些值得回憶的事例，僅就記憶所及，略述如下。

我和日本佛教界最初的往來

先是一九六三年，我代表「中國佛教會」到日本訪問，承蒙全日本佛教會派遣國際部長柳了堅、組織部巖本昭典先生全權負責，接待我們訪問日本所有佛教宗派的大本山，讓我認識了東本願寺的大谷光暢、西本願寺的大谷光照、高野山的高峰秀海、臨濟宗妙心寺的古川大航、臨濟宗大德寺的小田雪窗、曹洞宗總持寺的巖本俊智、金剛秀一和丹羽廉芳，東大寺的狹川明俊、四天王寺的出口常順等等許多管長級的佛教人士。

除了這些諸山大德之外，和我們友好的旅日華僧，就屬東京的清度和神户的仁光兩位法師了。清度法師是東北人，一口標準的日本話，個子很高、很莊嚴，一路上對我們都很照顧。仁光法師是神户關帝廟的住持，曾經送我們《鐵眼大藏經》，後來也交往多年，是一位很有德的仁者。他在日本雖沒有什麼事業，但是人在日本，心在中國，這在當時是很難得的。

自由活動的時候，日本學者塚本善隆先生感念我是從大陸到臺灣的出家人，特地請仁光法師陪同，我們三個人就在京都一個大飯店裏，吃了一桌日本人做的中國料理，相當豐盛。在日本，塚本善隆教授是研究中國佛教的權威，也是京都大學人文科學研究所所長、京都國立博物館館長，京都千年古刹清涼寺的住持。後來我們佛光山的慈惠法師赴日留學，還曾經親近他學習，可以說是稀有難得的因緣。

宴會當中，他表示，非常感謝中國的大國大量，過去日本派青年學子，如：藤原清河、阿倍仲麻呂等遣唐使到中國留學，也有日本的出家人，如：榮叡、普照到中國邀請鑒真大師赴日本弘法；乃至後來開創日本真言宗的空海、開創日本天台宗的最澄、開創日本曹洞宗的道元、開創日本臨濟宗的榮西，以及圓仁、圓珍等，他們到中國學習，都是由中國接待吃住，從未聽說花費金錢。而現在中國的年輕人到日本留學，學費昂貴、住宿昂貴、飲食昂貴，真是難爲了這些青年學子，深感日本佛教對不起中國佛教，愧對中國人。

我記得那一次訪問日本兩個禮拜，要離開的時候，全日本佛教會的巖本昭典把身上的鋼筆、手錶，所有口袋裏的東西，通通掏出來送給我。我感受到日本人的盛情，在戰後能有如此的親切往來，是很值得懷念的事情。

一九六四年，我在高雄建設壽山寺，舉行落成典禮的時候，臺灣光復前駐臺灣負責傳教的佈教師東海宜

誠，也來參加我們的典禮。他以一口流利的臺灣話致詞，在當時，很能引起臺灣人對日本人的好感。

後來，日本佛教界不斷地組團來臺灣，或觀光，或有一些議員在政治上和臺灣有所往來。因爲日本也是一個信仰佛教的國家，據聞，過去日本聖德太子在國家的憲法第一條規定：全國人民要信奉三寶。基於佛教界「冤家宜解不宜結」的道理，我們也覺得有必要展開對日本的友誼。

臺灣光復初期，與日本人的書信來往還不太方便，但是我在日本買的佛教書籍，都能順利地收到。尤其宜蘭的一位信徒吴和鈴居士，他的妻子是日本人，喜歡閱讀日文書刊，但是日本書要進口相當困難，所以都以我的名義寄來臺灣，再轉交給他們，他們也非常歡喜。

這段期間，國民黨注意到臺灣和日本的佛教應該要有往來，所以國民黨「社工會」蕭天讚主任親自到山上拜訪我，要我代表臺灣擔任「中日佛教關係促進會」的會長；日本方面，則由日本曹洞宗的管長丹羽廉芳老禪師代表擔任「日華佛教關係促進會」會長，我們還相約每年組團相互訪問。

丹羽廉芳老禪師實在是一位可敬可愛的老和尚，慈眉善目，待人真誠，曾拜訪過佛光山、臺北别院等。記得我和他初識的時候，他還是副管長，我問他：「什麼時候可以做到管長？」他説：「我們日本宗派裏的管長，要看誰的壽命長，這是生命馬拉松，看誰活得長久，最後纔能上臺。」後來他當上管長，我們兩會還繼續互有往來。

在我們互相訪問期間，拜訪過佐藤榮作首相，也去過他家裏。後來他想把房子賣給我們，不過當時我們實在買不起，只好作罷。因爲佐藤首相的關係，我訪問過他支持的新興教團「立正佼成會」，認識了當時的會長庭野日敬，也是他們的創會會長。我在開山之初，庭野會長還曾經派他兒子組織的「青年之船」四百餘人到佛光山訪問交流。

兩件遺憾的事

回憶所及，我在訪問日本的期中，有兩件事感到遺憾。

第一件事情，第二次世界大戰後，日本人有意將明代高僧隱元隆琦禪師在京都建設的黄檗山萬福寺交還給中國；然而，當時中國陷於内戰，没有人有餘力來留意接收。時隔了十年，我去訪問的時候，日本人主持的黄檗山還是遵守當初隱元禪師的遺風：凡是掛單的人，一定要誦念中國的經文，所有生活，都還是按照中國的禪林規矩。戰敗後的日本復興很快，後來要想再去接收黄檗山，就不是那麼容易的事了。

第二件事情，我在横濱曹洞宗的大本山總持寺發現，和唐代馬祖道一禪師同一個時代齊名的石頭希遷和尚，他肉身不壞的遺體還很完整地放在他們的倉庫裏。一代宗師淪落至此，我看了實在心有不忍。

隔了多年，我建議「内政部長」邱創焕先生，將臺北東和禪寺（臺灣光復前爲日本曹洞宗之臺灣分部）旁的違章建築遷移，建立一個國際道場，再把石頭希遷和尚的肉身迎回來供奉，這是我得到日本曹洞宗總持寺的負責人首肯的。可惜，邱先生認爲遷移三百多户的違章建築，又要重建大樓，是非常困難的事情，也就婉拒了我的建議。

另有一件實在不可以原諒的事情，就是世界佛教徒友誼會每兩年舉行一次，在世界各國輪流召開會議，一九七八年的第十二届大會在日本東京舉行，聽説日本東道主有意邀請我們參加，他們來信徵詢「中國佛教會」出席的邀請函是以英文書寫，時任常務理事的有白聖法師和我，當然白聖法師不會讓我參與，他自己就回答對方：「不參加。」

到了要開會的時候，國民黨知道了，覺得失去參與國際會議的機會，是削弱臺灣的地位，有所不智，就要佛教會再去争取參加。於是「中國佛教會」推舉我擔任團長，和聖印法師、浄心法師、慈惠法師、翁茄苳居士

組織一個交流訪問團到日本。

因緣很巧，主其事者正是全日本佛教會的巖本昭典，他出面接待我們。我向他提出我們要參加的願望，他說：「報名的日期已經截止，而且是臺灣的『中國佛教會』回函說不參加的，實在很難恢復。」所幸，慈惠法師用嫻熟的日語替我翻譯，再加之巖本昭典和我們過去的友誼，當時大家都很年輕，彼此惺惺相惜，所以日期雖然過去了，他還是從檔案櫃裏拿出資料，更改了我所希望的時間，於是通過了臺灣的參加權。

我記得淨心法師在回程旅途中，還讚美我說：「星雲法師，如果由你來做『外交部長』，那我們臺灣該有多好啊！」我忽然感覺到，其實淨心法師並不是不可以交往的人。不料，回到臺灣，在「中國佛教會」的會議上報告的時候，因爲我在佛教會一向採取低調，原本應該由團長說明，但我還是請淨心法師上臺報告。沒想到他在報告時，說這些都是他爭取的功勞，我在一旁聽了，只有不開口一笑置之。

我與新興宗教的往來

由於早期和日本佛教界的一些友好因緣，戰後不少的新興宗教，我也樂於和他們來往。最初是「創價學會」，我們對這個新興的教派寄望很高，後來發覺他們和佛教漸行漸遠，慢慢轉而從政去了，所以創價學會沒有成立佛教會，而是成立了「公明黨」，成爲日本的政黨之一。由此也可以看到，佛教太熱衷於政治，會冷卻一切智慧的發展。現在的創價學會裏，佛教所占的分量也不知道剩下多少了。

還有立正佼成會，除了早期有個「青年之船」和我們交往，幾年後，他們要召開世界宗教大會，主動向我們表達希望在佛光山舉行的意願。佛光山「破船多攬載」（揚州歇後語），但也不計較，所以二〇〇六年三月二十六日，「國際自由宗教聯盟第三十二屆世界大會」就在佛光山舉行了。

此外，靈友會、生長之家都是我在訪日期間參觀拜訪過的新興教團；還有橫濱的孝道山，也和我們有過交流。孝道山的創始人岡野正道伉儷，太太能幹，先生老實，其實教團主要還是太太在經營。他們曾在橫濱舉辦過花車遊行，不亞於美國洛杉磯的玫瑰花車遊行，也不亞於我們臺灣過去「雙十節」花車遊行的盛況，一場盛會，總有數百萬人參加。

後來，承蒙岡野正道夫婦多次到佛光山訪問，可惜那個時候佛光山正在開山之際，還沒有什麼力量和他們交往，但我曾經專程率團到孝道教團訪問，在他們的大會堂做過講演。孝道教團在臺灣，除了和佛光山交流，與「中國文化大學」的往來最爲頻繁。因爲「中國文化大學」創辦人張其昀先生和岡野先生的友好交誼，學校裏有不少學生接受他的獎學金資助。

我對於這些新興的教團，也曾寄予佛教未來的希望，但是日本傳統佛教界警告我，要我少和他們接觸，我想，這大概就是佛教裏，傳統不容易接受新思潮，不求改變、不容易見人好的心態吧。我爲了避免被他們認爲佛光山參與新興教團的活動，後來就沒有和他們做進一步的交往了。

教育學術的交流

國民黨遷臺後，要和日本建立關係，首先就想到派一些佛教界的人士到日本留學，這個政策也獲得日本政府的同意。可惜的是，當時在臺北有權威的人士並沒有想到佛教的青年，只想到與他們有關的人，如過去曾在常州天寧佛學院擔任教務主任，應該已四十多歲的圓明，再加之很多大德都有許多在家的弟子，就派遣了他們的弟子，一位姓李的、一位姓蕭的到日本留學。我們這些年輕的人當然也希望有機會多學習，但是礙於沒有背景、沒有靠山，只有望學興嘆了。

後來我自己也曾想過獨自到日本學習，因爲當時在臺灣還沒什麼成就；那一年是一九五七年，我預備把信徒捐獻給我一棟在北投温泉路一〇二號的房子賣了，自費到日本留學，並且將我寫的《釋迦牟尼佛傳》拿去提出申請，也獲得了東京大正大學攻讀博士學位的同意書。

我之所以要去日本，只是想説明一點：那個時候的社會，一般人看到佛教界有人到日本念書都是有去無回。因爲在日本受環境影響，大多數的人都不希望再回來過中國苦行僧的修行生活，所以到日本之後就洋化了。我立志一定要改寫這一段歷史，要爲我們男衆比丘爭一口氣，意思是：「我會回來！」

後來美國總統艾森豪威爾訪問臺灣和日本，引發日本學界掀起學潮，反對艾森豪威爾的訪問，我心想：「難道我到日本，也是要跟他們一樣，天天參與學潮嗎？」

其實還有一個主要的原因是，信徒萬隆醬園的總經理朱殿元居士有一天跟我說：「師父，您已經是我們的師父了，爲什麼又一定要去日本做學生呢？」他的一句話，也等於給我的一記當頭棒喝：「是啊，我既然收弟子、做了人家的師父了，怎麼又要再去做別人的學生呢？」於是打消赴日留學的念頭。

不過，我還是認爲佛教的僧青年應該廣學多聞，要給予大家學習的機會，所以佛光山開山之際，各方運作都已經稍具規模，就派遣弟子慈惠、慈嘉、慈怡先行到日本留學。慈惠先到日本佛教大學就讀，後來又去大谷大學修學文學碩士學位，慈怡、慈嘉在佛教大學分別取得文學碩士學位及修學社會福祉。接著再有慈容到同志社大學，又到佛教大學社會福祉系進修，慈莊也進入佛教大學。

後來，依空到東京大學，取得印度哲學研究所文學碩士；返臺後，再獲得高雄師範大學文學博士學位。依昱先後取得駒澤大學人文研究所碩士、愛知大學文學博士學位；一時佛光山子弟留學日本風氣之盛，和學界一些名教授，如鐮田茂雄、中村元、平川彰、水野弘元、安藤俊雄、水谷幸正等教授，也都建立了深厚的友誼。

還記得當年我和慈莊、慈惠送依空進入東京大學讀書的時候，承蒙日本名學者水野弘元先生親自接待。我深感到：佛教會因爲人才的成長而改變！

佛光山送弟子出外留學，由最初的一九六〇年代到日本，七〇年代就到歐美，如倫敦牛津大學的永有；八〇年代以後，再派慧開到美國天普，依華、覺明到印度，妙士及永東到西來大學，依法到耶魯，依恩到韓國，滿潤、滿庭等到日本，以及到巴西聖保羅大學的覺誠。

到了九〇年代，大多數的弟子就到大陸去求學了，如北京大學的滿耕、覺舫，中國人民大學的妙中、復旦大學的覺冠、廈門大學的滿庭、四川大學的滿紀、蘭州大學的覺旻、武漢大學的妙皇、南京大學的滿昇、中國社會科學院的覺多等等，都獲得博士學位。唯望這許多青年子弟，能瞭解佛光山栽培的苦心，發心爲佛教。

我自己則有一個感覺，在這個當中，凡是個人有什麼成就，都是佛教的、常住的，不是自己的。所謂「臨濟兒孫滿天下」，我們這些禪門臨濟宗的子弟、佛光的學子們，能有機會到世界各地學習深造，如今都已經取得學位了，不知道大家未來對佛教能做出什麼貢獻呢？

此外，爲了讓更多的青年學子們開拓思想，學習對佛法的經營運作，我也曾經不惜一切，請過日本的名學者如中村元、平川彰、鐮田茂雄、牧田諦亮、水野弘元、前田惠學、水谷幸正、木村清孝等人到臺灣講演、上課，在我們叢林學院的講臺上，這許多名師都曾經做過獅子吼，但是我們的這一羣學子，有被這聲獅子吼驚醒過來嗎？

日本的佛教學者對於原始佛教、部派佛教、佛教的源流，甚至中國佛教的研究，都是分層別類、孜孜不倦；現在大陸的一些大學也有宗教學系，但是他們研究佛教，往往偏重於中國的佛教，頂多是儒釋道合流；臺灣研究佛教，則重視科學的、倡導未來的世界，然而未來的世界遥不可知，一時也難見結果。所以我們很羨慕

日本的研究精神，可以說，他們的佛學研究比我們進步一百年以上。

其實，臺灣應該轉移一個風氣：當局要獎勵佛教界的學術研究。過去對佛教的獎勵，就只有看到慈善、救濟，例如哪一個神廟做了救濟，就頒給它一塊牌匾，但是慈善救濟應該是政府做的，不是民間，一般民間怎麼做得起呢？假如能給予我們佛教一些研究經費，佛教對社會的貢獻還是能有可爲的。雖然現在也有學術機構獎勵研究，只要提出計劃就能提供研究經費，但也是管理不善。

講過了留學、教育，與教育有關的還有學術交流會議。其實早在三十幾年前，佛光山每年舉辦國際學術會議，我邀請了世界的名學者，尤其日本當代的知名學者，如上述的中村元、平川彰、鎌田茂雄以及柳田聖山、前田惠學、梶山雄一等，可以說，我把他們都網羅到佛光山來。主要是我個人很有心結交學界的朋友，也擁護學者，有一點機會，總希望學術界能團結起來，共同發揚文化，增進彼此的友誼，進而光大佛教、促進人類的和平。

歷史的生命——文化出版

除了教育、學術交流之外，我對於日本的文化界更加重視。當初慈惠等弟子在日本留學時，他們也不辜負常住的期望，經常將吃飯錢省下來，把日本學界出版的名著，像日譯《南傳大藏經》、《國譯一切經》、《望月大辭典》、《中村元全集》、《鈴木大拙全集》、《佛教講座》、各種日文版的大藏經，以及宇井伯壽、常盤大定等名學者的著作，儘可能一次又一次地請購回來，以擴充常住的藏書。日本的書籍都裝訂得非常講究，除了書以外，還會附一個書套子保護書籍；我也爲未來的圖書館做好準備，將這許多得來不易的圖書都收藏到櫥子裏。但是過了兩年，再來看這些書的時候，書沒了，只剩下一個空的書套子，聽說是某一位徒弟私自拿走，送給了學者教授。

日本的書籍很貴，「戒嚴時代」也不容易進關，但是佛光山的子弟都是省吃儉用地把書買回來，後來就想到我們自己來翻印，例如宣傳影印《大藏經》，當時這些書不准進口，是孫立人先生的夫人孫張清揚女士，請「外交部長」葉公超先生用航空運回來的。孫夫人也受我們影響，歡喜提倡佛教的文化、教育、青年，甚至她也跟我們一樣，口中常常是「爲了佛教」、「爲了佛教」，孫太太的性格熱情、開朗，只要爲了佛教，什麼都願意佈施。

說到日本的教育文化，雖然過去佛教從中國傳入日本，他們的教育、文化受中國的影響也很深，但是日本的佛教後來居上。除了憲法裏規定人民要信仰三寶，佛教各宗派辦的大學也不少，如：臨濟宗的花園大學、曹洞宗的駒澤大學、真宗本願寺派的龍谷大學、大谷派的大谷大學、真言宗的高野山大學、浄土真宗的佛教大學等；尤其日本的佛教出版界鼓勵研究新思想，但他們不好高騖遠，所有學者都走原始佛教的路綫；例如寫一本佛傳就有國家獎勵，因此在日本，光是釋迦牟尼佛的傳記就有幾十種，可是我們中國卻一本難求。雖然古代有木刻本的《釋迦如來成道記》，但是今天文化發達了，我們的佛傳又在哪裏呢？

我之所以對日本有這樣的來往，主要是當初爲了寫《釋迦牟尼佛傳》，除了一部《大藏經》，沒有其他的參考資料，頂多是藏經裏的《佛所行讚》，此外就是日本武者小路的《釋迦》，這本書提供我不少的資料。所以我斷斷續續的學習日文，雖未成功，但是略懂方法，尤其我還翻譯了一本森下大圓著作的《觀世音菩薩普門品講話》。但是印順法師對此卻深不以爲然，他認爲我應該從事學術性的著述，不應該去做這些信仰的東西；承蒙演培法師從旁替我說話，他認爲這本書很有學術性，並不如他說的那樣，由此也可見印順法師重視學術更甚於重視信仰。

時隔多年，現在臺灣的有鹿文化出版社又把這本書重新出版，名爲《人海慈航：怎樣知道有觀世音菩薩》，我覺得在這本書裏，有「人間佛教」奉行觀世音菩薩的修行，所有譬喻都是人間的，把它視爲「人間佛教」的教科書也不爲過啊！所以就想到佛教裏的經典，尤其像《法華經》，光看文字雖不容易理解，但是真正講起來，都是佛法；能夠從理敘事，從事入理，意義就不凡了。

此外，日本佛教辦的《中外日報》，在五十多年前，每日發行量就多達數十萬份，一般寺院都有訂閱；各地的佛教書店、出版社，如：京都的法藏館、其中堂、平樂寺書店，東京的三喜房佛書林等，以及佛具店林立，這就是歷史的生命。思想及此，對日本的佛教文化的蓬勃現象，不勝感佩！

我在日本的朋友們

在我的日本朋友當中，除了前述諸大名山的長老大德如丹羽廉芳、中青年的巖本昭典等人以外，近二十年來最引以爲好友知己的，就屬吉田實先生了。

吉田實是日本《朝日新聞》的記者，曾在新加坡擔任支局長，後來又調派到中國做特派員，他和我一見投緣，一直很衛護我，一再地替我解開大陸對我的誤解；也曾在日本的報刊上，寫過多篇介紹我的文章，甚至爲了推舉我，還特別請我到日本國會大廈的憲政會館講演。

記得那一年（一九九一年），正是我不小心跌斷腿骨，起初我跟他講不能去了，他說：「沒有關係，我們還是歡迎你來講，因爲日期、地點和邀約的聽衆等都已經訂好了。」就這樣，我雖然坐輪椅，爲了講求信用，承蒙他們不棄，我依然如期前去講演。

那一次他們要我講的題目是「二十一世紀的未來」，哪裏知道這麼進步的日本，在國會的憲政會館裏面竟然沒有殘障坡道，最後是現場的幾位議員一起幫我把輪椅擡上講臺。那一刻，我忽然有一個念頭：多少年來，中國人都是給日本人欺負，假如日本人和中國人能有這樣的情誼，大家不必計較大小、貧富差異，中日是兄弟友誼邦交，那是多麼美好的事情啊！

吉田實先生和我有著深厚的友誼，他一直想要完成一件事情，就是希望我能協助他促成臺北「故宮博物院」和北京故宮博物院的文物聯合在東京展出。我爲了此事，特地去拜訪臺北「故宮博物院」的院長秦孝儀先生，最初秦先生一口答應，沒有問題，但只有一個條件：要展出，就只有兩個「故宮博物院」，法門寺的文物不可以參加！因爲他認爲兩者就内容上，臺北「故宮博物院」是超越北京故宮博物院的。

後來，臺灣當局大概也有人提出建議，需要日本政府出面保證這些是臺北「故宮博物院」的文物，展出後務必再送回臺北「故宮博物院」。但是日本政府不敢承擔這個責任，因爲他們也擔心這些文物到了日本，萬一被大陸追討回去，臺灣本來是一片好意，願意成就這一樁美事，到最後卻賠了夫人又折兵，划不來，所以此事就不能達成。

後來佛光山在日本成立道場，我每次到日本，吉田實先生都是第一個來拜訪我，他很多的朋友也陸續邀約我訪問。在他去世前，他寫了一本有關他一生從事記者訪問的書，書名是《三十五年的新聞追蹤——一個日本記者眼中的中國》，裏面有一章特别敘述我和他的往來關係。吉田實先生在二〇一〇年去世，對於這麼一位老友的凋零，令人不勝唏嘘。

吉田實先生過世了，接著與我友好的一個新朋友，就是蔣曉松先生。蔣先生雖然旅居日本，但他是全國政協委員，在世界各地辦了好幾所高級大飯店；他是一個文化人，也是一個社會活動家，揚名國際的「博鰲亞洲論壇」就是由他推動和策畫的。尤其二〇〇一年，在海南博鰲召開首屆的「博鰲亞洲論壇」，時任國家主席的

江澤民先生等領導人都有參加，我臨時受他邀請，也參與了這場盛會。兩年前他在日本過六十大壽，邀約我前去參加他的餐會，在座的還有日本首相福田康夫、澳洲總理陸克文（Kevin Rudd）等重要人士。

我和蔣曉松先生在世界各地常有聚會，他曾在訪問臺灣時，到佛光山來拜訪我。二〇一一年底，佛光山「佛陀紀念館」落成，蔣先生特地前來參加佛陀舍利安座典禮，並承蒙他在致詞中盛讚：「佛陀紀念館」對人類文化、宗教、歷史有著深遠的意義，是中華之光，也是未來佛教徒的朝聖地。他的一番話，給予我們很大的鼓舞。

不久前（二〇一三年一月），我到海南島弘法，蔣曉松先生告訴我，他將在博鰲設立「亞洲文化機構」，並與前日本首相福田康夫、前澳洲總理陸克文，以及鳳凰衛視董事局主席劉長樂、國家旅遊局邵琪偉局長、國臺辦主任王毅等人一同倡議，我樂見其成，隨後也題寫了一筆字「博鰲亞洲文化」祝賀。

其實，和我有過友好往來的日本朋友當然不只這幾位，實在無法一一記述，僅在此一併表達我為他們的祝福。

近二十年來的往來——佛光會與佛光山

我一直很感念過去日本對中國曾有主動的來往，如第二次世界大戰日本戰敗，他們願意將中國在日本的寺院、文物歸還中國，玄奘大師的頂蓋骨送回臺灣供奉就是一例。我也曾建議相關人士，供奉在日本奈良唐招提寺的唐代高僧鑒真大師的坐像可以送回揚州，讓揚州人瞻仰，對中日的友好邦交可能會有一些幫助，彼此就有了來往。後來，唐招提寺的鑒真大師坐像，果真在一九八〇年四月第一次送回揚州省親。

接著二〇一〇年十一月，鑒真大師坐像又再次回到揚州，暫時安奉在大明寺旁的鑒真圖書館，承蒙主辦單位的盛情邀約，我也參與了這場盛會。在揭幕儀式上，我說：「一千兩百五十多年前，揚州的前輩鑒真大師到日本，將中國的醫學、建築、農業、藝術家等專業人士帶到日本，也帶去了衣、食、碗筷等文化，對日本文化有重大貢獻，可以說是中國的大師、日本文化的太陽……中國和日本向來是兄弟之邦，希望日本各界每年隨鑒真大師法像回揚州大明寺娘家，也藉由鑒真大師的因緣彼此常相往來。」

這一次鑒真大師回揚州，日本方面，有日本原國土交通大臣冬柴鐵三、奈良縣知事荒井正吾及東大寺管長北河原公敬、唐招提寺長老松浦俊海等人組織的友好訪問團近百人前來；大陸方面，則有國務委員唐家璇、中華宗教文化交流協會會長葉小文、江蘇省政協主席張連珍、江蘇省副省長張衛國、揚州市委書記王燕文、揚州市長謝正義、中國佛教協會會長傳印法師、復旦大學歷史系錢文忠教授，以及與會的僧信二眾等，共同見證這歷史的一刻。

除了建議鑒真大師回揚州，我也曾向湖南的領導們提出建言，再能把石頭希遷和尚的肉身舍利從日本請回湖南，不失為中日友好往來的一樁盛事。不過這可能需要當局出面，光靠地方的力量還是不夠。

關於石頭希遷和尚其人，「江湖」這兩個字的由來，就是和這位禪者有關係。因為在唐代，參禪學道的風氣很盛，一般青年學子不是到江西親近馬祖道一禪師，就是到湖南親近石頭希遷禪師，這些佛教的青年僧為了參學，就在江西、湖南兩地奔走，於是有了「走江湖」之說。但是「江湖」兩個字流傳到現在，卻成為社會上組織幫派或賣藝雜耍人士的術語，反而失去當初禪門弟子親近大德參學的原意了。

近二十年來，我和日本的往來，主要是透過國際佛光會和日本佛光山道場的因緣。起初是早期留學日本的弟子向我提議，也有一些僑居日本的信眾多次向我表示，希望佛光山能在日本成立弘揚「人間佛教」的寺院道場，我就請當時在國際佛光會「中華總會」擔任秘書長的慈容法師從旁關心協助。

首先是一九九一年，我們在東京杉並公會堂成立東京佛光協會，並邀請時任亞東關係協會駐日機構（後更名「臺北駐日經濟文化代表處」）的代表許水德先生、高雄縣長余陳月瑛及佛教大學前校長水谷幸正致詞，有近千名日本信衆及華僑會員參加，選出西原佑一擔任會長，林佳添、孟子雁、吴淑娥爲副會長。

隔年，我到東京佛學講座時，國際佛光會世界總會的理事，也是留日東京華僑總會副會長劉秀忍居士、東京協會的西原會長、副會長，齋藤貿易董事長陳逸民顧問，前「立法委員」暨前日本「中華聯合總會」副會長謝文政、謝張芳珠夫婦，以及邱美豔、葉山勝中、白文美等信衆，他們熱切地向我提出籌建道場的請求；我到大阪，當地的信徒也表示要設立佛堂，他們説：「大師！我們會發心籌建佛堂，您要派法師來這裏領導我們啊！」看到信徒們的熱忱，實在令人難以辭拒，所以佛光山在海外的道場，如巴西的如來寺、紐約講堂、倫敦道場、澳洲南天寺、中天寺、紐西蘭南島佛光山、紐西蘭北島佛光山等，都是在這樣的情形之下相繼成立。想到佛法講的因緣，因緣不具足時，光是想也不會有；一旦因緣聚合了，要推也推不去啊！

就這樣，佛光山在日本先後成立了東京別院（後更名「東京佛光山寺」）、大阪道場（後更名「大阪佛光山寺」），分別由早期留學日本的慈惠、慈莊、慈怡法師主持寺務及人才培養等各項運作，爲佛光山與日本佛教界、學術文化界的友好交流打下重要的基礎。

佛光會的發展，則是從一九九一年，於美國洛杉磯音樂廳成立第一次國際佛光會世界總會，在第一屆會員的代表大會中，日本佛教界的大德水谷幸正先生榮任副會長；此後國際佛光會每兩年在世界各地召開一次的會員大會，分别在加拿大、澳洲、法國、香港、南非等地召開，每次都有約五千名代表參加。到了二〇〇二年，第九次的會員代表大會，就到東京的太陽城王子飯店召開，參加者也有五千人以上。

佛光人在日本，除了協助道場弘揚「人間佛教」，也做了許多文化交流、教育推廣、急難救助，及社區關懷，如：淨灘、掃街、慰問老人等社會服務工作。從最早西原佑一擔任東京協會創會會長，到歷任的西原千雅、林寧峰、曾文宏、瀨川淑子、邱美豔，關東協會的毛利友次、太田愛子，大和協會的菊地安通、友成元一，理事、會員幹部如劉秀忍、陳逸民、盧阿卿伉儷、謝文政、謝張芳珠伉儷、葉山勝中、林佳添、植垣惠子、白文美，小笠原弘晃、小笠原宜霖伉儷、鷹觜英、河維寧等；爲大阪道場成立時奔走付出的亞東關係協會的沈國明科長、黄秀吉夫婦，以及會員信衆豐田秋雄、張元禮子、林壽美子、謝美香和所有在日本這許多發心出錢出力，默默護持「人間佛教」發展的佛光人。由於他們的無私奉獻，「人間佛教」在日本走出了一條光明的道路，我謹在此對他們表示由衷的讚嘆與祝福。

記得有一次，水谷幸正先生到佛光山爲日文佛學院的同學授課時，他告訴我：「每次到臺灣來，看見佛教的蓬勃發展，都令我感到慚愧。因爲日本佛教最大的特色，就是彼此宗派色彩非常濃厚，因而找不出一個真正能代表日本佛教的團體。國際佛光會是脱離宗派、種族、地域、國籍的一個社團組織，具有超越和融和的特質，所以能在國際間受到認同。佛光山的朝氣和弟子們爲教弘傳的精神，頗有激勵的作用，尤其是看到大師，我的生命力就更活躍了一點。」

我曾因應日本地區信衆的希望，先後爲陳逸民、盧阿卿及青年分會首任會長鷹觜英、張惠娟兩對佛光人主持佛化婚禮，如今他們都是佛化家庭的表率。想到「人間佛教」的信仰在日本有所傳承，我也爲他們感到歡喜。

在佛光人的各種發心當中，最令我感動的一件事，就是他們將我的著作翻譯成日文，如早期大阪的信衆陳一普睿、陣一普智翻譯《星雲禪話》、西原千雅翻譯《星雲法語》小叢書，還有瀨川淑子、益田绢子、關根春蓮、鷹觜英、森田陽子等，不定期翻譯我的著作，讓閲讀日語的人口也能透過文字般若，認識我們的「人間佛教」。我想，未來日本的佛教人間化也有希望了。

佛光山在日本的寺院，除了早期的東京別院、大阪道場，相繼又有福岡佛光緣，富士山本棲湖畔的本棲寺，以及名古屋佛光山；最值得一提的，就是目前正在建設的法水寺。

法水寺位於羣馬縣涉川市伊香保町，預定將成爲佛光山在日本的本山。不久前，我到羣馬關心法水寺的工程，當地觀光協會的課長伊藤信明、日本裕毛屋董事長謝明達、大和協會的菊地安通督導夫婦、現任會長友成元一、副會長木暮光司、法水寺工程設計師（楠山設計公司）鈴木政德，以及大和協會會員等三十多人也來到現場，我告訴他們：「日本的佛教很盛，其實不需要我們再來錦上添花，不過現在是講究彩色的世界，加一個顏色進來就可以多一種文化色彩；尤其佛教，日本和中國的因緣是分不開的。」

接著我又說：「佛教講究緣分，緣分條件夠了就容易成功。大和協會的菊地先生是本地人，因爲他的關係，我們纔到這裏來建寺廟。我們來，不是想要求取什麼，而是想爲這裏做一些貢獻。我們也希望藉由這個建設的完成，能提供本地居民一個安定的力量，成爲人生的加油站，精神的百貨公司。」

羣馬涉川市的市長阿久津貞司和觀光協會的會長大森隆博對此事相當關心，後來他們還在本棲寺住持滿潤法師的陪同下，到佛光山來拜訪我。當他們參觀了「佛陀紀念館」的建設之後，都感到歡喜，也對「人間佛教」結合傳統與現代的弘法方式表示肯定。爲此，我還特別交待佛光山日本教區總長慈容法師，明年要在法水寺召開一場全球佛光人的運動會。

佛教是一個重視開發內心能源的宗教，因此佛光山在日本的第一座寺院東京別院重建啓用典禮（二〇〇七年六月）上，我對與會的各界人士說：「日本寸土寸金，重建後的東京佛光山寺就如同三克拉的鑽石，希望能帶給每個人歡喜。」也期望未來羣馬的法水寺落成之後，能將佛法甘露徧灑，讓每個人的心中都擁有「人間佛教」。

走筆至此，我深深地感覺到，佛教從佛陀最初度化五比丘，到今天佛法徧佈全世界，我相信，只要有理念，佛法就能爲人所接受；只要有信仰，就會有發展。惟願我們在全世界的佛光人，都能將佛法落實在生活，爲當地服務奉獻，「人間佛教」必然是未來世間的一道光明！

我與韓國佛教的往來

自古以來，韓國在歷史文化上與我們關係密切，尤其韓國的佛教傳承自中國，深受中華文化影響。

要說到我與韓國佛教的因緣，可追溯到四十多年前，佛光山纔剛開山不久的時候。當時我們與日本的佛教界已有一些往來，徒衆們建議我，不妨順道訪問韓國。當時我還年輕，聽說韓國佛教的寺院都還保有中國傳統叢林的風貌，便隨順大家的意見到韓國。

記得我們剛下飛機，就有太古宗的人士大約三四百人前來接待我們，因爲他們訪問過臺灣，便提出希望成立「中韓佛教友誼會」，以便今後雙方佛教界往來有所依據。我想，兩個地區的佛教要締盟，必須通告全臺，也要能讓大家參加，不應該是這麼草率，後來他們擬訂一個辦法，要我們兩地的人士簽字，不過我心裏還是感到太過倉促了。後來纔知道，韓國佛教的宗派團體是以曹溪宗爲主流，道場最多，歷史也最悠久，而太古宗是延續臺灣光復前的佛教，准許結婚娶妻，等於居士會一般。那一次我們在韓國停留的時間很短暫，後來「中韓佛教友誼會」也没有什麼發展。

由於我們對韓國的佛教還不太瞭解，在一次的機緣下，透過韓國曹溪宗在臺灣「中國文化大學」修學博士學位的鏡日法師居間聯繫，又再次組織訪問團，訪問他在韓國梁山的祖庭通度寺，以及和曹溪宗有關的二十四家叢林寺院，如海印寺、松廣寺、修德寺、白羊寺、佛國寺、梵魚寺、華嚴寺、觀音寺、曹溪寺、法住寺等等。至此，我們纔初步認識真正的韓國佛教，也纔知道韓國有三大寺院：代表「佛寶」的通度寺，代表「法寶」的海印寺，代表「僧寶」的松廣寺。

在韓國的三寶寺當中，和我因緣最早就屬通度寺了。

通度寺是傳統的佛教叢林，已經有一千三百年以上的歷史。之所以名爲「佛寶寺」，是因爲在他們的寺院裏，珍藏一件佛陀袈裟。由於他們很重視中韓佛教界的往來，所以我們那一次去，就見到了曹溪宗裏相當於天主教教皇的月下老和尚。令我印象最深刻的是：通度寺的設備很古老，擁有一千多年的傳統道風。

後來他們也派人到佛光山來訪問。當時佛光山雖然還在開山階段，但已經有朝山會館接待十方人士。他們看到寺院裏的現代化設備，大爲驚嘆，認爲韓國的佛教要向佛光山看齊，必須從傳統中走出來，要學習現代化。

一九八二年的十月，我們組織近百人的團體到韓國，慶賀通度寺一千三百年的寺慶。通度寺的住持性波法師向我提議，希望和佛光山締結，增進彼此的交流與學習。說到締結，一般民間團體結盟，都稱「姐妹」，如「姐妹會」、「姐妹社」，但是我認爲佛教用「兄弟」比「姐妹」更加容易爲人接受，所以就在那一年的十二月，性波法師等人特別來到臺灣，我們就在高雄中正文化中心舉行「兄弟寺」的締結典禮，現場有月基長老、開證法師、高雄各地的諸山長老，以及當局領導人等三千多人在現場觀禮，這在當時的臺灣，可以說非常的隆重。

通度寺是韓國歷史悠久的寺院，而佛光山還只是一個開山未久的小老弟，實在說，我們高攀不上，就問他們爲什麼願意跟佛光山締結爲兄弟寺？性波法師說：「韓國佛教歷史雖久，但寺院都太古老了，必須現代化。傳統的應該接受現代化的事實，現代化也要能接受傳統的過去。」簡單說，他們就是希望將傳統和現代融和在一起。就這樣，一千三百多年歷史的通度寺和開山不到三十年的佛光山，就締結爲兄弟了。

到了一九九〇年四月，我再度到韓國弘法，曹溪宗總務院院長義玄法師在歡迎晚宴上，特別邀請通度寺方丈月下老和尚、住持泰應法師、曹溪宗議長及國會議員、政府部長等人前來歡迎我們，那真是一場盛情的兄弟會。

致詞的時候，我幽默地對月下老和尚說：「中國的月下老人，是促成天下『有情人終成眷屬』，而韓國的月下老人也爲雙方佛教作媒人，讓雙方佛教的往來更密切，也是『有情人（法情）終成眷屬』。」

幾個月後，月下老和尚屈駕率領通度寺住持泰應法師、圓昭法師，及分院九龍寺住持頂宇法師、普門禪院住持再門法師、慈悲福社院住持珍徹法師、表忠寺住持知恩法師等人到佛光山訪問。爲此，我還親自率領全山僧俗二衆，以傳統叢林接駕大德的禮儀，隆重地恭迎老和尚一行的到來。

老和尚很客氣地說：「今天有緣來到佛光山，猶如置身靈山，佛光山比我想像中更偉大、更莊嚴！感謝大家熱烈隆重的接待，此情此景讓我一輩子都忘不了！」我也請老和尚每年都來佛光山普照，老人家滿心歡喜地說：「一年來十次也不夠，一踏進來就不想走了。」他那慈祥和藹的神情，讓我至今難忘。

月下老和尚在二〇〇三年圓寂，對於這麼一位大德的逝去，令我不勝慨嘆，就寫了「人天眼滅」輓聯，委由佛光山住持心定和尚代表我前去弔唁致意。

在與通度寺的往來當中，另一位與我交誼深厚的比丘朋友，就屬頂宇法師了。三十多年前，他到佛光山參加世界僧伽大會之後，便很推崇佛光山的「人間佛教」。後來他主持建設的九龍寺分院落成（一九九〇年四月），特別邀請我去爲他主持佛像開光典禮，並且爲韓國的信衆們作一場講演。

九龍寺是曹溪宗叢林通度寺在首爾的一座現代化寺院，除了餐廳、廚房、功德堂之外，設有會議室、教室、幼稚園、兒童班等等，也建設了一座和佛光山大悲殿一樣的「萬佛殿」，供奉一萬尊銅鑄佛像。

言談中，他一再說，九龍寺的建設都是向佛光山學習，希望我能再給予指導。他也經常向信衆提起，他的弘法方向是「走佛光山人間佛教的路綫，依星雲大師爲師範」，甚至對我的著作多有推崇，經常一買就是成千上萬本，真是愧不敢當！

頂宇法師最令我感動的一點，就是他建設九龍寺都是自行籌措經費，先是在工地住了五年的草寮，再經過三年的建築，總共花費四十多億韓幣，從未向本山通度寺請求幫忙。完成之後，就全心全意將它奉獻給本山通度寺，更請來方丈月下老和尚、住持泰應法師等長老大德上座，自己則屈居在下面工作。

思想及此，不知道我的徒衆學習佛光山的精神與宗風，能否也能像他那樣的積極熱忱呢？

記得那一次，頂宇法師特別訂了一個五星級的總統套房招待我，真感謝他的一番盛情。看到房間裏的乾淨、整齊，我只有睡在椅子上，其他都不敢動，甚至不敢洗澡，深怕把環境弄亂了。其實對我來說，住到哪裏都是一樣，我總希望出家人對物質生活愈淡泊愈好。

後來他開大座請我爲信衆開示，我就以四部經的四句話勉勵大家：《華嚴經》的不忘初心、《維摩經》的不請之友、《八大人覺經》的不念舊惡、《大乘起信論》的不變隨緣，希望佛弟子都能以此爲佛教、爲家庭和社會建立幸福安樂的人生觀。

當我講說的時候，臺下的聽衆彷彿都聽得懂我說的話，翻譯人員還沒開口，就看到他們又是點頭，又是微笑，又是鼓掌，頂宇法師說這是「佛以一音演說法，衆生隨類各得解」，其實我哪裏有這個本事？應該要歸功於佛法的不可思議和信衆們的善根深厚吧！

兩個小時的講演當中，沒有一個人走動，我深爲韓國信徒的良好秩序、虔敬聽法的神情所感動。後來頂宇法師告訴我，有信衆索取我當天講演的録音帶，回去後一連聽了三十多遍。後來通度寺舉辦在家五戒菩薩戒會（二〇〇四年），現場有五千名戒子，他們也邀請我爲他們開示，信衆們對信仰的虔誠態度，再次讓我感動不已。

由於我和月下老和尚以及頂宇法師的友誼，在他們分別當選韓國曹溪宗大宗正和總務院（相當於臺灣的佛教會）部長時，我寫了兩幅對聯祝賀：

月光圓滿照耀大千　下情擁戴皆大歡喜

頂受正法豎窮三際　宇内弘化横徧十方

我與通度寺數十年的往來，佛光山的青年僧和通度寺的比丘如圓明法師、草宇法師、性波法師、珍徹法師、鏡日法師（法山法師）等，也都建立了友好的情誼。如佛光山第七任住持晉山陞座典禮（二〇〇五年），通度寺的住持玄門法師及法山法師、深山法師等人到佛光山觀禮致賀；兩年後（二〇〇七年），通度寺推選出頂宇法師爲第二十七代住持，晉山典禮時，我寫了「化世益人」書法，請時任佛光山的住持心培和尚代表前去致意。

而在佛光山「佛陀紀念館」即將落成之前，通度寺住持頂宇法師特別將寺裏珍藏的佛陀袈裟，用黃金絲綫複製一件長一百四十四公分、寬兩百二十公分的金襴袈裟，在二〇〇九年九月佛光山供僧法會時，親自送到佛光山，供「佛陀紀念館」永久珍藏，也爲兩寺的友誼之交再添新頁。

佛光山和通度寺建立兄弟寺以後，我們和海印寺也時有往來。有「法寶寺」之稱的海印寺，規模不小於通度寺，尤其寺裏有一棟藏經閣，收藏八萬七千多片的木刻板《高麗大藏經》，那真是重要的國家文化財！

記得在二〇〇三年九月，海印寺舉辦「一千零二十九天超渡法會」，他們的住持世敏法師邀請我爲與會的僧信二衆開示，隨後在海印寺方丈法傳法師及世敏法師的主持下，我們締結簽署「文化交流協議」。幾個月後，海印寺住持世敏法師也組織了一百人的訪問團到佛光山交流。

最令我感到印象深刻的是，這位住持的聲音很好，他們在大殿裏誦經祝願時，獨唱的部分比合唱的多，雖然我不懂他們在唱什麼，不過我心裏想，要擔任一個寺院的住持，還必須要有一副好嗓子呢！

世敏法師很親切、友善，後來佛光山和海印寺經常組團互訪交流。有一次我去訪問的時候，他特別將課誦提前結束來招呼我們，從這一點來看，我有感受到他的盛情。

二〇一二年一月，曹溪宗前總務院長、前海印寺住持智冠法師圓寂，我也寫了一副輓聯「慧燈西去」，請佛光山宗長心培和尚代表致贈。

講過了通度寺、海印寺，我們和松廣寺也經常有往來。松廣寺有一千兩百多年的歷史，由於歷代出過十六位國師，所以又稱「僧寶寺」。

松廣寺的方丈菩成長老是一位很熱忱、很有親和力的大德。他曾在西來寺傳授三壇大戒時（一九八九年）到過西來寺，當時的住持慈莊法師對他的親切招呼，讓他印象非常深刻。後來他到佛光山訪問，看到牆壁上的「佛光人工作信條」：給人信心、給人歡喜、給人希望、給人方便，他也很歡喜，一直讚嘆我們的這四顆心，正是佛法弘傳的原動力。

一九九一年，佛光山傳授「萬佛三壇大戒」，承蒙他接受我們的邀請，擔任戒會的尊證阿闍黎。同年佛光山傳授在家五戒、菩薩戒會，菩成長老還專程到佛光山觀摩。尤其令我感動的是，菩成長老從戒子的生活起居到安板作息，都非常留意用心；戒子正授時，他從開始到結束一刻都不曾離開過，如此虛心、敬業的精神實在令人敬佩。

菩成長老爲了促成佛光山和松廣寺之間有更多的教育、文化交流，就在一九九八年十一月，率領松廣寺傳統講院的院長智雲法師等人到佛光山，與叢林學院締結「兄弟院」，協議雙方在師資、學術研究上往來交流，共同弘揚人間佛教。

我和菩成長老的因緣很奇妙，他不會中國話，我也不懂韓國話，雖然我們語言不通，但是每次見面都好像彼此瞭解，惺惺相惜，後來我們的交情也如同兄弟一般。記得有一年我到韓國弘法，他不顧强烈颱風來襲，特地搭了五個小時的火車，冒雨趕到我們的首爾佛光山與我會面，這份真情厚意，至今仍讓我感念不已。

說到這裏，因爲佛光山和韓國佛教有多年的往來，對韓國的佛教也有一些瞭解。相傳代表佛法僧三寶的三

大寺院，有這麼一則有趣的故事：

通度寺、海印寺、松廣寺三個寺院的住眾，有一次聚在一起，各自吹噓他們的寺院是韓國第一。

通度寺的人首先誇口說：「要說到韓國的佛教，當屬通度寺為第一。因為通度寺不但廣大，有時候想吃個泡菜，都必須乘船到地下室去拿取。通度寺的人眾之多、面積之廣就可想而知了。」

確實，我到韓國通度寺的時候，還看過這艘小船。究竟它是不是過去為了到地下室去拿韓國泡菜的那艘小船？那就不得而知了。

海印寺的寺眾聽了，不甘示弱地說：「在韓國，要論佛教寺院之廣闊，應該是海印寺。因為通度寺的土地只有兩千多公頃，而海印寺就有五千多公頃。我們海印寺不但土地廣大，而且殿堂很高。舉例來說，我們要上净房（廁所），大便下去，都要等到兩分鐘以後纔能聽到『噗通』，你說，我們的海印寺除了廣大以外，有多麼崇高了！」

松廣寺的出家人聽了，就說：「唉呀，你們通度寺、海印寺都不算最大，韓國最大的寺廟，應該是松廣寺。因為松廣寺出過十六位國師，每一位國師都是開悟的聖者，每一位悟道的國師的境界都是心包太虛，量周沙界，一位國師就有一個虛空，更何況是十六位國師？所以韓國的松廣寺寬廣無邊，更甚於三千大千世界了。」

雖然這是一個趣談，從中也可以想見韓國佛教叢林的盛況了。

韓國佛教的宗派和寺院很多，當然不只有曹溪宗，還有太古宗、天台宗、真覺宗、觀音宗等，在他們的宗派下都各自擁有許多分院和信徒；尤其曹溪宗，在全國的大叢林就有數十座之多。佛光山從開山以來，幾乎每個禮拜都有韓國的佛教人士前來訪問交流，除了上述和我們友好的曹溪宗叢林以外，如太古宗、三論宗、法輪宗、總和宗、本願宗等的宗門人士，都曾是我們座上的客人。

此外，佛光山的弟子和韓國的比丘尼界也有很好的互動往來，例如在一九九八年，佛光山到印度傳戒時，曾邀請韓國佛教曹溪宗全國比丘尼協會的會長光雨法師擔任授經阿闍黎尼。此外，曾留學日本，任教於韓國中央僧伽大學教授的本覺法師、能仁法師，和慈惠法師等佛光山的女眾弟子都有很好的交誼，佛光山舉辦國際學術會議，他們也經常出席參與交流。

後來我到韓國弘法（二〇〇四年），特別在首爾佛光山主持一場「兩國比丘尼座談會」及皈依典禮。幾個月後，曹溪宗的全國比丘尼協會也邀請慈惠法師前去參加他們的「第八屆國際佛教婦女大會」，主講「比丘尼，走出去！」在此，我深感到佛教確實有必要「走出去」，走出去，纔有發展的契機；自覺行佛，纔能奮起飛揚！

在和韓國佛教的交往當中，令佛光山受惠最大的，就是承蒙這些諸山長老不棄，經常組織訪問團前來問道。比方我講管理法給他們聽，他們會問我怎麼管理信徒、怎麼處理錢財，怎麼經營寺院運作；在建築方面，他們也慢慢向佛光山學習，從傳統走向現代，所以現在韓國的各大叢林寺院裏，大多有現代化的衛生設備、現代化的窗明几净，一改過去古老傳統的設施。

因此世界佛教徒友誼會第十六屆大會（一九八八年）於美國洛杉磯西來寺召開時，大會曾徵詢我的意見，希望我推薦下屆大會的舉辦地點，我就提出建議：「不久前，奧林匹克運動會纔在韓國圓滿，韓國應該是有這個實力接辦下一屆的世佛會大會。」也因為這樣的一段插曲，而促成了第十七屆世界佛教徒友誼會在韓國召開的盛事。

為了增進中韓佛教青年的交流學習，早期我曾派依恩、永中等弟子到韓國留學；韓國佛教界也送子弟到佛光山參學，如就讀佛光山叢林學院男眾部的道雄法師，一直到我退位傳法予心平和尚，他成為佛光山的法子後纔肯回去；以及泰國的耀康等人，也是當時到佛光山受法的外國籍弟子。近十年來，還有一位在佛光山出家的

慧豪法師，也是一流出色的韓國比丘。他長於翻譯和攝影，中文講得很流利，你和他交談，幾乎感覺不到他是韓國人。慧豪法師曾擔任佛光山都監院的書記，現在擔任佛光山叢林學院教師。佛光山「佛陀紀念館」開館後，委托韓國鑄造一口高四點三四公尺、直徑二點五八公尺、重二十五點五噸的梵鐘，就是由他居間聯繫的。

佛光山開山近三十年的時候，已經在全世界建立道場，就想到我們與韓國的佛教經常友好互動，有必要在當地成立道場。於是在一九九七年，派早年留學韓國的弟子依恩到韓國籌備佛光會成立事宜，並請慈莊法師協助勘察適合建寺的場地。很快地，我們在香港紅磡體育館舉辦的國際佛光會第六次世界會員代表大會中，成立了華人組成的首爾協會，以及韓國人組成的大邱協會及法師會；尤其「法師會」是由東國大學睦禎培教授召集在家佈教師所組成，這對「人間佛教」本土化的推動，實屬難能可貴，隔年（一九九八年）就成立了漢城佛光山（後更名「首爾佛光山」）。

這麼多年來，承蒙韓國的佛教媒體，對佛光山的「人間佛教」也多有推崇，如韓國佛教電視臺的會長性愚法師，早年留學臺灣，曾搭乘臺北普門寺的朝山專車，專程到佛光山參加朝山修持；回到韓國後，他也發動三步一拜的朝山活動，並在韓國佛教刊物上專文介紹佛光山的「佛光茶」。佛光山成立的電視臺「佛光衛視」開播（一九九八年），他特地到佛光山採訪，在韓國的媒體播放、刊登。

韓國春秋社的社長崔錫煥，也曾在他們的刊物《禪的文化》、《茶的世界》介紹佛光山的「人間佛教」，後來還到佛光山舉辦「第二屆世界禪茶文化交流大會」（二〇〇七年四月），我感念他對禪茶的發揚，特別寫了「茶禪一味」書法相贈。

現在，佛光山的「佛光茶」已經發展到全世界，甚至在各個寺院道場都有成立「滴水茶坊」，取自「滴水之恩，湧泉以報」、「以茶會友」之意，惟願佛門的禪茶精神，能爲忙碌的現代人帶來心靈提升。

接著，要再說到與我有緣的韓國人士，就是李仁玉小姐了。數十年前，她有心到佛光山學習「人間佛教」，後來佛光山栽培她就讀臺南的成功大學直到畢業，現在她在首爾佛光山服務，中文的書寫、講說一流，經常爲我們擔任中韓文翻譯，至今無人能出其右。

還有一位金貞希小姐，她和我之間也有一段奇妙的因緣。記得多年前我到韓國弘法，有一次在金浦機場候機時，一位小妹妹主動跑到我的面前向我合掌問訊，雖然我們語言不通，但是可以感受到她對我的純真友善。後來這位小妹妹經常寫信給我，我就請李仁玉幫忙翻譯，於是我也結交了一位韓國的小朋友。一直到現在，她已經是亭亭玉立的小姐了，我們還是時有往來。她到臺灣，必定上佛光山來看我；我到韓國，她也會帶著她的父母親來看我，不禁想到人世間的緣分真是不可思議。

另外，大約在十年前，我到韓國弘法並主持國際佛光會釜山協會的成立大會，當時有一位金粉紅小姐在那裏協助招待工作，後來她加入釜山佛光青年團，經常回山參加佛光山舉辦國際青年會議，她對各種活動的投入與熱忱，讓我印象深刻。尤其她現在服務於韓國佛教電視臺，和佛光山媒體事業的互動積極密切，對於促進中韓佛教文化的交流，也有一定的貢獻。

近十年來，最令我們感到驕傲的一位韓國籍人士，就是李亨淑教練了。李教練曾代表韓國獲得洛杉磯奧運銀牌及北京亞運金牌，可以說是韓國女籃界的國寶教練。因爲我從小喜歡籃球運動，一直有心培養一支具有國際水準的女籃隊，在一次的機緣下，普門中學校長葉明燦先生邀請到李教練南下來指導籃球營。後來她在我的鼓勵和佛光山、普門中學的支持下，我們很榮幸請到她來擔任普門中學女子籃球隊的教練。沒想到纔成軍一年，就打進HBL（高中籃球聯賽）女子組第五名，這給了我們很大的信心。爲了讓這些好不容易培養的選手能有晉級提升的機會，於是又成立佛光大學女籃隊，第一次比賽，就獲得大專院校籃球聯賽女生甲二級冠軍，可

以說是臺灣的大學女籃隊當中，創立時間最短，戰績輝煌，也是唯一由中學到大學同一系統培育的球隊。

幾年下來，李亨淑教練不負我們的所望，讓佛光女籃隊在臺灣的籃球界打出一片天下。爲了讓球員增長球技及視野，同時帶動「以球會友」、「三好品格」的運動家精神，我們從二〇一〇年開始舉辦「佛光杯國際大學女子籃球邀請賽」，至今邀請過海峽兩岸及中、日、韓等國家大學院校的女子籃球隊到佛光大學參與友誼賽。

我一直很鼓勵年輕人打籃球，因爲打球不僅可以學習團隊精神，也可以養成堅持到底的習慣；是輸是贏並不重要，重要的是學習裏面的精神內涵。

再有一提的是，我和韓國佛教界的學者教授，也有友好來往。其中，韓國傳統佛教研究院的院長金知見博士與我的理念相近，早在一九七八年，他爲了推動國際佛教學術研究的風氣，便聯合中、日、韓國佛教界發起成立「國際佛教學術會議」，後來辦到第五屆，他主動提出希望在佛光山舉行，我也樂見其成，於是就由佛光山「中國佛教研究院」主辦了這場會議。

此後佛光山每年舉辦的學術會議，如世界佛教青年會議、世界顯密佛學會議、國際禪學會議、宗教文化國際學術會議、佛教音樂學術研討會等，韓國的學者朋友如：趙明基、韓鍾萬、朴范薰、朴永焕、金永斗、金容彪、金英泰、睦楨培、金應喆、梁晶淵、朴相國、法顯法師等，以及曾任教於我們在美國的西來大學，頂宇法師的弟子性圓法師等人，都曾在我們的學術交流座上發表論述。

除了和學術界往來，我們與當地的佛教大學也建立了良好的關係。二〇〇四年，我到韓國弘法的期間，承蒙東國大學頒贈榮譽哲學博士學位予我；二〇一〇年，再有金剛大學頒授榮譽文學博士學位，對此，我實在愧不敢當，只想到今後當爲人類和平與族羣融和更盡一份心力。

此外，佛光山創辦的大學與韓國佛教創辦的大學也有積極的往來，如在二〇〇六年，佛光山在美國成立的西來大學與韓國天台宗的金剛大學締盟；二〇〇九年，韓國的慶尚大學、京畿大學也分別與佛光大學締結；此後韓國東國大學、真覺宗創辦的威德大學陸續都與佛光山的佛光、南華等四所大學締盟並交換留學生。

走筆至此，我深感韓國人士對宗教的尊重與友好，尤其佛教，不但融入他們的生活當中，也擁有很多的信仰者。二〇一二年四月，徒衆們將我的「一筆字」書法拿到韓國，在韓國首爾佛光山、釜山弘法寺、濟州島藥泉寺、首爾九龍寺及一山如來寺等地巡迴展出四個月之久。也承蒙我在韓國的這些僧信朋友們爲我介紹、推廣，據他們告訴我，這些字在當地引起不少的回響。其實我的字不好看，只希望大家能從字裏看到我的慈悲心，同時也看到自己的心。

在此，我衷心祈願，未來中韓兩國在文化交流上，佛教能擔當起友好往來的橋樑，爲國家和平與社會和諧盡一分心力！

